재미있는 숙제
신나는 아이들

이호철 선생의 교실 혁명

재미있는 숙제 신나는 아이들

이호철

보리

온몸으로 하는 공부

이 책이 처음 나온 지 벌써 30년이 되었습니다. 내가 처음 재미있는 숙제를 내줄 때가 생각납니다. 그때도 아이들은 학교에서 학원에서 공부에 찌들어 있었지요. 그 모습이 너무 안타까워 한동안 아예 학과 숙제를 내주지 않았어요. 그랬더니 아이들이 오히려 "숙제 좀 내줘요!" 하며 보채는 거예요. 늘 해 오던 숙제가 갑자기 없어지니 뭔가 허전하고 이상했던 모양입니다. 선생도 숙제를 내주고 확인하는 일은 여간 힘든 게 아니지요.

나는 자꾸 숙제를 내 달라는 아이들에게 한마디 툭 던졌습니다.

"정 그렇게 숙제가 하고 싶다면 들판이나 산에 가서 소리 세 번 크게 지르고 와."

아이들은 이게 무슨 숙제냐고 하면서도 이런 것쯤이야 누워서 떡 먹기라며 좋아했어요. 장난처럼 내준 숙제를 한 아이들 반응이 뜻밖이었습니다. 너도나도 소리 지르고 나니 속이 시원하다는 겁니다. 또 이런 숙제를 내 달라고 했어요. 나는 "아이 참, 귀찮네. 그러면 이번에는 냇가에 가서 자기가 예쁘다고 생각하는 조그마한 돌 세 개만 주워 와." 이랬고. 그다음에 또 "고마 주워 온 돌 제자리에 갖다 놔라." 이랬습니다. 아이들은 애써 주워 온 돌을 왜 제자리에 갖다 놓느냐며 야단들이었어요. "하기 싫어? 그러면 하지 마라." 하니까 "아니요, 할게요. 할게요!" 하더군요. 이렇게 시작해서 한 주에 한 번씩 이어오게 된 것이지요. 그리고 차츰 이 숙제가 몸으로 하는 뜻있는 공부가 된다는 것을 깨달았습니다.

요즘 아이들은 단순 지식 주입 교육을 주로 받는 데다 언제 어디에서나 전자 매체에 묻혀 살고 있습니다. 초등학교 아이들 가운데 지나치게 손전화에 빠져 있는 위험군 학생 비율이 2023년 기준 15.97퍼센트(2024.1.8.(월) 한겨레)나 된다고 합니다. 손전화에 중독되면 집중력이 떨어지고, 충동 조절, 행동 조절도 잘 안 된다고 해요. 사회성도 떨어져 관계의 흐름이나 감정의 흐름도 잘 읽지 못하고, 슬픈 감정, 미안한 감정도 제대로 파악하지 못 한다고 하고요. 언어 능력도 떨어져 긴 글 읽기에 어려움을 느끼는 것은 말할 것 없고, 흔히 쓰는 낱말도 잘 이해하지 못하는 아이들이 많다고 합니다. 나아가 창의성도 떨어지고요. 심지어 집중력의 위기라고도 합니다.

그래서 요즘 아이들에게 감각을 일깨우고 또 자기 삶을 가꾸게 하고 창의성을 일깨워 주려면 온몸으로 놀고 온몸으로 공부하는 게 더욱 필요해졌습니다. 나아가 온몸으로 놀고 공부한 일을 글로 쓰면서 생각을 다지고 키워 나간다면 더할 나위 없겠습니다.

이 책에 있는 활동은 몇 가지 보기일 뿐입니다. 아이들과 함께 찾아보면 활동 거리는 얼마든지 있지요. '한쪽 팔 안 쓰고 몇 시간 지내보기', '내 힘으로 돈 벌어 보기', '노점상 한 할머니의 삶 조사', '냇가에서 재미있는 놀이하기', '강 따라 가 보기(부모 도움 받아서)', '집에서 쓰는 기구 한 가지 원리 알아보기', '거리 청소하는 아저씨와 함께 청소해 보기'…….

초등학교 때부터 입시 공부에 매달리게 하는 교육 현실을 보면 참으로 안타깝습니다. 이번에 새로 다듬어 내는 이 책이 살아 있는 교육, 삶을 가꾸는 교육에 더욱 큰 도움이 되길 바라는 마음 간절합니다.

지금 많은 선생님들이 일부 학부모와의 관계나 아이와의 관계, 그리고 또 다른 이런저런 일들로 해서 무척 힘겨워하는 것으로 압니다. 먼저 힘 내라는 위로의 말씀 드립니다. 돌아보면 이런저런 어려운 일은 내가 현직에 있을 때도 있었고, 앞으로도 없지는 않을 것이라 여깁니다. 자기 아이를 니무 귀하게 여기고 사랑해시 일이나는 일이기 때문이지요. 이런 때일수록 선생님들이 더욱 힘내어 한결같은 마음으로 참교육이 무엇인지, 무엇이 더 귀한 교육인지 또렷이 보여 주면 좋겠습니다.

2024년 6월

이호철

살아 있는 공부

보통 학부모를 만나면 "아이고 선생님, 우리 아이는 집에 오면 도무지 공부를 안 해요. 숙제를 아주 많이 내줘요. 안 해 오면 매로 때려 주세요." 하는 말들을 한다.

그런데 요즘 들어서는 아이가 학원 다니기에 바쁘다고 숙제를 줄여 달라는 학부모도 있다. 학원에서도 숙제를 내주는 모양이다. 숙제를 안 해 오거나 시험을 쳐서 성적이 나쁘면 더러 매도 때린다고 한다. 아이들 그림에 학원 선생님이 아주 무서운 괴물처럼 그려져 있는 것을 보아도 대충 사정을 알 수 있다. 교사들도 아이들이 하루라도 놀면 그만 성적이 떨어질까 조바심이 생기는지 날마다 이것저것 욕심내어 숙제를 내준다. 아이들이 숙제가 많다고 불평을 늘어놓으면 이제 좀 제대로 공부했겠구나 하는 생각을 하기도 한다.

부모들은 아이들이 놀지 않고 열심히 무엇인가 공책에 쓰고 앉았으니 공부 열심히 하고 있구나, 이번 선생님은 참 열심히 아이들을 가르치고 있구나 생각할 것이다. 그러나 사실 아이들이 공책 가득히 쓰는 숙제를 잘 해 온다고 해서, 책상머리에 붙어 앉아 책을 들고 있다고 해서 공부가 되는 것은 아니다. 왜냐하면 쓰는 양이 많아 머릿속에 넣을 사이가 없거나 머릿속에 넣을 능력이 부족해서도 그렇고, 자기가 하고 싶어서 스스로 하지 않고 하기 싫은 것을 시킴을 받아서 억지로 하기 때문이기도 하다. 설령 그런 단순한 지식 나부랭이를 머릿속에 잘 넣어서 좋은 점수를 얻고, 입시 경쟁에 이기고, 대학에 들어가고, 졸업을 하여 겉보기에 남들이 우러러보는 사람이 된다 해도 사람답게 살아가는 공부를 못 한 사람은 오히려 배운 지식으로 사람들에게 큰 해를 끼칠 수도 있다는 것을 신문에서 날마다 보여 주고 있다.

어쨌든 잠시도 가만히 앉아 있기가 힘드는 아이들이 좁은 교실에서 딱딱한 의자에 앉아, 여름이면 더위를 견디느라 곤욕을 치르고 겨울이면 추위를 견디느라 곤욕을 치러 가면서, 재미도 없는 선생이 가르치는 맛도 재미도 없는 공부를 하루 종일 하고 집에 왔는데 또 그 공부를 하라고 하면 넌더리가 안 날 사람 누가 있겠는지. 이 시절을 겪은 어른들 자신이 더 질 알 것이다. 더러 숙제를 아예 안 내주면 될 것 아니냐 하는 생각도 할 것이다. 재미있고 살아 있는 공부가 되도록 옳게 안 내줄 바엔 차라리 그게 좋겠다. 정답이 하나로 나올 수밖에 없는 단순 지식을 공책에 빽빽하게 쓰고, 머릿속에 달달 외우는 것만이 공부가 아니다. 이런 공부로는 창조하고 자기 힘으로 살아가는 능력이 길러질 수 없다.

그렇다면 아이들에게 살아 있는 공부도 되며 스스로 즐겁게 재미있게 할 수 있는 숙제는 없을까? 백영현 선생은 '손톱에 봉숭아 꽃물 들이기' 를, 윤태규 선생은 '손톱에 봉숭아 꽃물 들이기'와 '식구들의 발 본뜨기'를, 이상석 선생은 '아버지의 발 씻어 드리기'를 숙제로 내주어 오래전부터 본 보기가 되었는데 그 뒤로 여러 선생들이 실천해 오고 있다. 이에 보태어 나름대로 아이들과 함께 해 본 재미있는 숙제 몇 가지를 추려서 내보인 다. 여기 내보인 것 말고도 얼마든지 아이들이 재미있게 할 수 있는 숙제 거리를 찾을 수 있을 것이다.

차례

숙제에 대한
아이들 소리

　아이들은 대부분 '숙제' 하면 무조건 싫어한다. 싫어하는 정도가 아니라 괴물보다, 지옥의 사자보다 더 무섭게 생각한다. 학교에 갔다 와서 바로 숙제를 하거나 학원 갔다 와서 쉬지도 못하고 숙제를 시작해서 열두 시, 새로 한 시 두 시까지 하는 경우도 있으니 어떻겠나 생각해 보면 알 것이다. 교사와 학부모가 한패가 되어 아이들을 잡는다는 말이 맞는 것 같다. 그래도 그까짓 것도 못 참으면 무엇에다 쓰겠냐고 하겠지. 나도 지금까지 그런 짓들을 참 많이도 해 왔다. 매를 들고, 으름장을 놓기도 하고, 다 너희들 장래를 위한 것이라고 어르기도 했다. 정말 노랫말처럼 어른이 되면 어린 시절을 까먹는가 보다.

　그렇게 숙제를 많이 해서 학과 성적이 얼마나 많이 향상되었을까? 6학년 우리 반 아이 39명에게 물어보았더니 집에서 쓰고 베끼는 숙제가 공부에 별로 도움이 안 되었다고 하는 아이가 33명, 그저 그렇다가 4명, 도움이 되었다고 하는 아이가 2명이었다. 그러니까 학과 성적 향상에도 별로 도움이 된 것이 없다고 보고 있다. 그까짓 학과 시험 성적이 조금 올라갔다고 보더라도 얼마나 더 올라갔겠느냐 하는 것이다. 그것보다 잃은 것을 어떻게 찾을 것인가 생각해 보았는지 모르겠다. 잃은 것은 영원히 찾을 수가 없다.

그렇지, 시험 전쟁에서 이겨야 하겠지. 당신 아이 같으면 지금 우리나라 형편에 시험 공부 하지 말라고 하겠느냐 반문도 하겠지. 그 말이 옳다고 하자. 그런데 어떻게 해서 초등학교 어린 아이들까지 거기에 휘말아 넣어서 들볶느냐 하는 것이다. 여러 소리 할 것 없이 아이들 소리를 들어 보자.

숙제 생각만 해도 아찔합니다

1학년 때부터 지금까지의 숙제, 생각만 해도 아찔합니다. 몇 학년 때인지는 몰라도 숙제가 정말 많았습니다. 어떤 날은 사회책 처음부터 몇 쪽까지 사회 공책에 글씨 하나 삐뚤어짐 없이 다 적어 가는 날도 있었고, 산수 문제 가장 어려운 걸로 50~100문제에다가 문제집, 일기 정말 너무나 힘이 들었습니다. 학원 갔다가 집에 오면 보통이 여섯 시이고, 씻고 저녁 먹으면 일곱 시, 이제 책상 앞에 앉아 가장 많은 숙제부터 꺼내서 팔이 빠지도록 베껴 적고, 외우고 합니다. 하다가 팔이 너무 아파 연필을 놓고 엎드려 쉬기도 했고, "선생님은 무슨 숙제를 이렇게 많이 내어 주노 씨이." 하며 공책이 젖도록 울면서도 적기에 바빴습니다. 하다 보면 12시가 넘는 경우가 많았습니다.

아버지 어머니는 나한테 "너무 힘들면 하는 데까지 하고 자라." 한마디만 남긴 채 주무셨습니다. 그때는 숙제하느라 정신없는 딸을 냐두고 잔다고 화도 많이 냈습니다. 혹시라도 하다가 잠이 들면 다시 일어나 하고 난리였습니다.

이런 숙제가 싫어서 '다시 태어난다면 꼭 공부 없는 나라로 가야지.' 하는 생각도 했습니다. 한 학년이 아니라 대부분의 숙제가 이랬습니다. 무엇을 베껴 오고, 외워 오고……. 산수 익힘을 무척 많이 풀어 오라 하면 내가 계산하는 것보다 전과를 펴놓고 베껴 가고 그런 식이었습니다.

하루는 산수 익힘이 너무 하기 싫었습니다. 잠은 오는데 풀 문제는 산더미 같고, 할 수 없이 베끼다가 아버지께 걸려서 그날 맞아 죽는 줄 알았습니다. 숙제하기가 무서웠습니다.

그때는 정말 숙제가 너무 많았습니다. 예전의 숙제 생각하면 다시는 예전으로 돌아가고 싶지 않습니다.

(6학년 ○○○)

숙제 생각만 해도 아찔하다고 했다. 사회 몇 쪽에서 몇 쪽까지 글씨 하나 삐뚤어짐 없이 써 오라 했으니 다른 것은 말할 것도 없겠지. 그래서 해도 해도 끝은 없고, 얼마나 힘이 들었겠는지 생각해 보지 않아도 다 알 것이다. 어머니 아버지도 다 자는데 잠도 못 자고 울다가도, 자다가도 선생님 화난 얼굴만 떠오르면 눈물이 쑥 들어가고, 잠이 벌떡 깨겠지.

이오덕 선생님이 《울면서 하는 숙제》에서 "하도 진저리 나도록 글자고 그림이고 베껴 쓰기만 하니까 그만 머리가 돌아 버려서 아는 것도 모르게 된 것입니다. 아이들을 바보로 만드는 학교 공부, 이것을 어찌하면 좋을까요?" 했던 말이 더욱 실감 난다. 요즘 설마 그러려고 하겠지만 설마가 아니다. 물론 그것들이 학원으로 조금 넘어간 것은 있겠지만 말이다. 다음 아이 글을 보자.

강제로 시킨 숙제

○학년 때 있었던 일이다. 우리가 시험을 잘 치지 못한 탓으로 선생님께서 화를 내시며 많은 숙제를 내주셨다.

"오늘 내준 숙제 안 해 오면 화장실 청소하고 남아서 다 하고 가야 되니깐 알아서 해 와!"

우리들은 울상을 지으며 집으로 돌아왔다. 집에 오자마자 숙제할 거리를 펴고 해 나가기 시작했다. 아무리 해도 해도 끝이 없었다. 빡빡이 숙제 세 장에다가 산수 50문제, 사회 50문제, 일기, 국어 읽기 줄거리, 문단 나누기……. 다른 반으로 가고 싶다고 선생님께 말하고 싶었지만 참는 대로 참고 하기로 했다.

숙제를 하고 있을 때 갑자기 잠이 쏟아졌다. 자지 않으려고 세수를 했지만 계속 잠이 쏟아졌다. 시계를 보니 12시 30분, 잠이 쏟아지는데도 베끼는 숙제를 계속해야 한다는 내가 한심해져서 하던 것을 미뤄 놓고 자기 시작했다.

아침 일찍, 학교에 가서 하기로 하고 갔다. 학교에 가니 니 말고도 숙제를 하지 못해 학교에서 하는 아이들도 많이 있었다. 이렇게 힘들게 해 놓고 숙제 검사하기를 기다렸는데 숙제 검사는커녕 숙제했나 안 했나 물어볼 생각도 하지 않으셨다. 난 화가 나서 그 뒤로는 숙제를 잘 해 가지도 않았다.

위에 쓴 글과 같이 1학년 때부터 5학년 때까지 이런 숙제만 해 왔다는 것, 나에게 과연 도움이 있었는가? 생각해 보면, 강제로 시킨 숙제이기 때문에 우리가 할 수 없이 한 것밖에 없다.

난 강제적으로 시킨 숙제가 제발 없어지고 우리가 할 수 있고, 커 가는 데에 많은 도움이 될 수 있고, 우리가 웃으면서 할 수 있는 숙제들이 생겼으면 좋겠다. 1학년에서부터 5학년 때까지 잘 견뎌 내며 숙제들을 해 왔다는 게 믿어지지가 않는다. (6학년 ○○○)

여기서는 아이들이 시험 못 친 데 대해서 선생님이 화풀이식 숙제를 내준 모습을 볼 수 있다. 거기다가 숙제 안 해 오면 화장실 청소를 시킨다고 하는데 여기서 또 청소 교육을 망가뜨리는 모습도 볼 수 있다.

중고등학교에서 빡빡이 숙제란 것을 더러 내주는 것으로 알고 있다. 빡빡이 숙제는 내가 알기로 아주 조그마한 글씨로 빈틈이 없도록 무엇인가 빼곡하게 써 가는 것이다. 이것을 숨 한 번 안 쉬고 해도 다 해 갈 둥 말 둥 할 만큼 내준다. 시험을 못 쳤거나 성적이 떨어졌을 때 벌로 내주는 모양인데 어째서 초등학교까지도 그 병이 옮아왔는지 모르겠다.

그렇게 숙제를 많이 내어 놓고도 한마디 격려는커녕 숙제했나 안 했나 말도 없으니 그 실망감은 어떠했겠나. 또 어릴 때부터 숙제를 검사 맡기 위해서 하도록 만든 그 자체부터가 아주 잘못되었다. 그런 숙제로 혼이 난 이 아이는 그 뒤로 숙제를 잘 해 오지도 않았다고 한다. 무엇이든 강제로, 억지로 시키면 이렇게 된다. 옆길로 갈 수도 있다.

아래 보이는 글은 《울면서 하는 숙제》에서 옮겨 왔는데 선생님들이 모두 본받았으면 싶다.

　초등학교에서 달마다 치르는 일제 학력고사에서 언제나 꼴찌만 하는 반이 있었답니다. 그래 한번은 그 반의 담임 선생님이 교감 선생님한테 불려가 꾸중을 듣게 되었지요. 왜, 선생님 반의 성적이 그 모양이냐구요. 그런데 그 이튿날 그 담임 선생님이 교실에 들어가 자기 반 어린이들에게 무슨 말을 했을 것 같아요? "야 이놈들, 이담에 또 꼴찌하면 너희들 모조리 기합이다, 기합!" 이런 말을 했을 것이라 짐작이 되지요? 그런데 아니었어요. 뜻밖에도 이 선생님은 이렇게 말했답니다.

　"너희들, 개나 돼지 같은 짐승이 되고 싶으냐? 사람이 되고 싶으냐?"

　아이들이 어리둥절해서 잠시 말을 못 하자 선생님은 또 이 말을 되풀이했습니다. 그제서야 아이들은 한목소리로, "사람이 돼야 합니다." 하고 대답했어요.

　선생님은 조용히 말했습니다.

　"그렇다면 죽자 살자 점수만 올리는 공부를 해서는 안 되고, 사람 되는 공부를 해야지. 난 우리 반이 학력고사에서 꼴찌한 것 부끄럽게 생각하지 않는다. 너희들은 어떠냐?"

　"부끄럽지 않아요!"

　"그렇지, 그래야 돼! 이담 달에도 우리 꼴찌하자, 응?"

　이래서 활짝 웃는 얼굴로 어린이들은 한참 동안 손뼉을 마구 쳤다고 합니다.

다음 글을 한번 읽어 보자.

알림장 적는 시간이 제일 무서웠다.

6학년이 되기 전까지는 알림장 적는 시간이 제일 무서웠다. 그 이유는 숙제라면 무조건 전과나 책을 보면서 하는 것이기 때문이다.

집으로 돌아와서 곧 숙제를 한다고 해도 덜 하는 경우가 많았다. 또 일주일에 한 번은 숙제를 다 한다고 해도 밖이 어두워서 놀지를 못한다. 몇 시간 친구들과 놀다가 집으로 돌아와서 숙제를 하면 덜 하는 경우가 많은데 그럴 때는 아침 일찍 일어나 한다. 그래도 다 하지 못하면 평소보다 학교에 빨리 가서 친구들이 해 놓은 숙제를 보고 적는다. 그래서 선생님께 꾸중은 듣지 않았지만 마음 한구석에는 허전한 것 같았다. 그리고 나는 이런 경험은 당하지 않았지만 몇 명 아이들이 숙제를 안 해 오거나 덜 했으면 앞으로 나와 손바닥 3~4대씩 맞았다. 그런 것을 볼 때마다 내 손이 아픈 것 같고 저 아이들처럼 손바닥을 맞지 않으려면 숙제를 다 해야겠다는 다짐도 했다.

시험 치는 날 바로 전날에는 숙제가 없고 그냥 책을 한 번씩 읽어 보는 것이기 때문에 어떤 날에는 시험 치는 날이 그리울 때도 있었다.

(6학년 ○○○)

숙제는 이렇게 아이들 놀 시간을 무섭게 빼앗아 간다. 그래서 이 아이는 알림장 적는 시간이 제일 무섭다고 했다. 쉴 틈도 주지 않고 채찍질만 자꾸 하면 끝내는 퍽 엎어져서 일어나지도 못할 게다. 선생님한테 꾸중 안 듣고, 맞지 않으려고 허둥대며 숙제를 하고 난 뒤의 느낌이 허전하다고 하는 아이 말에 가슴이 턱 막힌다. 오죽했으면 모두들 더 무섭게 생각하고 있는 시험 치는 날이 오히려 더 그립다고 했을까.

숙제를 스스로 해 본 적이 없었습니다

처음 1학년 들어왔을 때는 처음이라 그런지 숙제가 재미있다는 생각이 들어서 학교에 다녀오자마자 숙제부터 하기도 했지만 2학년 때부터는 숙제가 싫다는 생각이 들었습니다. 하루 종일 학교에서 공부하고 집에 와서 또 공부를 해야 한다는 생각이 들어서이겠죠. 그래서 선생님께서 교과서 숙제를 해 오라고 하면 전과를 보고 베낀 적이 스스로할 때보다 더 많았습니다. 그것도 숙제가 싫어서인지는 모르겠지만 텔레비전이 더 재미있다는 생각에 낮에는 실컷 놀다가 저녁에 숙제를 했고, 선생님께서 검사를 하시니까 일기도 마지못해 일기장에다가 몇 자적어 가는 그 정도였습니다. 그렇게 게으름을 피우면서 숙제를 해 가도 시험만 잘 치면 통지표에는 그럴듯하게 나오니까 걱정이 없었습니다. 그러니 숙제를 내 힘으로 내 스스로 해 본 적이 없었던 것 같습니다. 일기를 써도 잘 썼느냐 못 썼느냐보다는 어제 일기를 썼느냐 안 썼느냐만보니까 한 줄을 써도 두 줄을 써도, 거짓을 쓰더라도 쓰기만 하면 선생님의 꾸중을 듣지 않을 수 있었습니다. 그러니까 5학년 때까지는 검사를 맡기 위해서 숙제를 했지 재미있다는 생각은 하나도 없었습니다.

(6학년 ○○○)

무슨 일이든지 자기가 하고 싶어서 하면 누가 하지 말라고 해도 열심히 하는데, 그렇잖으면 이렇게 검사나 맡기 위해서 하게 된다. 그래도 선생님은 '음, 숙제했구나' 이러고 만족해한다. 서로 다른 꿈을 꾸고 있지만 오히려 그 편이 낫겠다. 선생님이 그걸 알면 괘씸하다 해서 또 빡빡이 숙제를 낼지도 모르니 말이다.

숙제 없는 세상은 어디로

나는 1학년 때부터 3학년 때까지는 대체로 숙제를 잘 해 갔다. 그러나 선생님께서 몽둥이를 들고 매일 때리고 했기 때문이다.

숙제라곤 산수 시험지 20문제 만들어 오기, 국어 받아쓰기 40~50문제 골라서 10번씩 쓰기, 산수 익힘 풀어 오기 대체로 그런 것들이었다. 그래서 매일매일 학원 갔다 오면 방구석에 틀어박혀 국어책 찾으며 받아쓰기 문제 만들고 산수 시험지 만들곤 했다. 그래도 덜 해서 학교에서 손바닥도 많이 맞곤 했다. 그때는 완전 반 아이들이 거의 다 맞았다. 4학년 5학년 때는 숙제가 완전 1~3학년 때까지의 5~6배였다. 학원 갔다 오면 그냥 씻고 밥 먹고는 문 닫아 놓고 12시까지 숙제하다 갔다. 그래도 5학년 2학기 때 반이 바뀌어 좀 적게 내주었다.

선생님들은 너무 터무니없는 숙제를 내주시는 것 같다. 받아쓰기를 500번, 1,000번을 어떻게 쓰라고 내주시는지. 선생님이 안 하니까 그냥 내어 주신다. 우리 고생하는 것은 안중에도 안 둔다. 떠든다고 내어 주고, 시험 못 쳤다고 내어 주고, 청소 안 했다고 내어 주고 ……. 정말 어쩔 줄을 모르겠다. 만사가 다 귀찮을 때가 대부분이었다.

숙제 없는 세상은 어디로 가야 있을까요? 제발 찾아 주세요.

(6학년 ○○○)

이 아이 글을 읽고 어른들 모두 자신을 한번 거울에 비추어 봤으면 한다. 정말 그런 일이 없었는지 말이다.

글쓰기 지도를 하다 보니 마치 내가 문학가라도 되는 듯 이야기를 하는 동료 교사들이나 웃어른들이 많다. 그래서 학교에서 무슨 행사에 글이 필요하면 그만 "그런 건 문학가(나를 가리킨다) 아니면 누가 하겠나?" 하면서 장난기 어린 말로 덮어씌우고 만다. 다른 사람은 장난으로 말했지만 그걸 써야 하는 나는 다르다. 고민이 된다. 잘 쓰지 못해도 그렇다. 거기다가 쓰고 싶은 내용이면 좀 덜 하기나 하지.

그러니 아이들이야 오죽하겠나. "야, 받아쓰기 10문제 500번 써 와!" 이렇게 던지는 말 한마디에 온갖 어려움을 겪게 된다. 이래서야 될까.

나는 요즘 베끼고 외우는 숙제는 잘 안 내지만 다른 것이라도 어쩔 수 없이 좀 많이 내주었다 싶으면 "숙제하다가 힘이 들면 좀 덜 해도 좋아요. 그러나 너무 놀다가 못 하면 곤란해요. 오늘은 미안하지만 좀 덜 놀고 했으면 좋겠어요." 하고 숨통이 좀 트이게 해 준다.

덜 해 오면 스스로 남아서 하고 가든지 아니면 까닭만 나한테 이야기하면 그만이다. 너무 놀다가 못 한 것도 까닭이 된다. 물론 언제나 터무니없이 아예 해 올 생각을 안 하는 아이들도 있다. 그래서 속 상하는 일도 한두 번이 아니다. 그렇지만 교사는 먼저 자신을 한번 더 돌아보는 것이 좋다. 그런 뒤에 가끔 그 아이를 개별 지도해야 한다. 기분이 상하지 않게 잘 달래어서 말이다. 그리고 그런 아이에게는 흥미 있는 것이 무엇인가 하는 것을 잘 찾아 연결시켜 교사가 뜻하는 교육을 시켜야 하리라 본다.

우리 반 아이가 3학년 때 겪은 이야기를 한번 들어 보자.

새벽 두 시까지 낑낑거렸던 악몽 같은 일

난 꼭꼭 숙제를 다 해 가 언제나 어렸을 때부터 숙제라고 하면 죽는 일이 있어도 끝까지 마무리를 해 가야 직성이 풀렸기 때문에 숙제에는 무감각이다.

3학년 때 일이다. 그때 선생님은 참 괴짜이셨다. ㅈ선생님, 잊을 수가 없다. 숙제도 많이 내주고 공부라고는 산수, 국어, 음악만 가르쳐 주시고 언제나 이야기를 들려주셨다. 이 선생님께서 하루는 나눗셈 한 과를 다 배웠으니 익힘책을 해 오라는 것이었다. 그냥 전과를 보고 베끼면 그만이라고 생각하고 있는데 계산 과정까지 적어 오라는 것이었다.

그날 늦게까지 정이와 철금, 목금으로 음악 공부를 하다가 집에 오니 다섯 시였다. 산수 익힘 한 과라는 무거운 부담감을 가지고 책상 앞에 앉아 나는 저녁도 먹지 않은 채 낑낑거리며 죽도록 산수 익힘 문제를 풀어 나갔다. 그땐 왜 그리도 나눗셈이 어렵던지……. 낑낑거리며 푸는데 지켜보시던 아빠께서 한 문제가 틀렸다고 회초리로 발바닥을 때리셨다. 한밤중이라서 잠이 왔는데 이 매를 맞고는 정신을 차려 또다시 산수 익힘을 풀었다. 그런데 아빠가 암산을 배웠으니 암산으로 계산을 해 보라는 것이었다. 계산 과정 때문에 안 된다고 말했으나 아빠 계속 암산으로 계산을 하라고 하셨다.

겨우겨우 산수 익힘책을 다 한 시각은 두 시였다. 세상에, 내 눈은 벌겋게 충혈되었고 엄마 역시 곯아떨어지셨다. 두 시까지 푼 산수 익힘을 가지고 나가서 난 혼만 났다. 계산 과정이 없다고……. 그날 난 엉엉 울었다. 너무나 억울한 나머지 지금 생각해도 나는 너무나 억울하다. 그리고 이 억울함 탓인지는 몰라도 이 일을 결코 잊을 수 없다. 새벽 두 시까지 낑낑거렸던 악몽 같은 일, 휴우.

(6학년 ○○○)

숙제라면 어떤 일이 있어도 다 해 가는 빈틈없는 아이다. 우리가 흔히 말하는 아주 '착실파' 아인데 왜 그렇게도 안쓰럽게 보이는지 모르겠다. 기계적으로 착착 해 왔기 때문에 더욱 숙제에 무감각하게 되었는가 본데, 이보다 더 불행한 일이 또 어디 있겠나 싶은 생각도 든다. 그리고 3학년 때 겪었던 그 일이 악몽 같다고 했는데 내가 생각해도 끔찍한 일 같게만 느껴진다. 모두 깊이 새겨 둘 말이다.

다음은 숙제를 잘 안 해 오는 아이 글이다.

숙제 안 해 오면 옷 벗길 거다

○학년 때는 선생님께서 좀 무서웠다. 나하고 남자 몇 명은 숙제를 잘 안 해 온다. 숙제 검사를 해서 손바닥을 때릴 때는 다른 선생님보다 아주 씨게 때린다. 다음에 숙제를 안 해 오면 화장실 소변기를 닦기로 했다. 그다음 날 우리는 또 숙제를 안 했다. 나와 여러 명은 소변기를 닦았다. 선생님께서 그다음에 숙제 안 해 오면 옷을 벗길 거다 하셨다.

나는 그다음에 겨우겨우 숙제를 다 했다. 선생님께서 다 안 했는 사람 이름을 불렀을 때 나는 안 불렸다. 선생님께서 이름 부른 사람 일어서라 하니 다섯 명이 일어섰다. 선생님이 옷 벗어, 했다. 아이들은 가만히 있었다. 선생님께서 내가 벗겨 줄까, 막 캤다. 아이들은 숙제하겠습니다, 하고 계속 캤다. 나는 선생님께서 너무 심하다고 생각했다. 선생님께서는 오늘만 한번 봐준다, 하면서 다 들어가라 했다. 그다음부터 아이들이 거의 다 숙제를 해 왔다.

(6학년 ○○○)

이 아이는 학과 공부도 뒤떨어지지만 숙제도 대부분 안 해 오는 아이다. 그런데 이 아이에게 양동이에 물 길어 오는 일, 난로에 넣을 석유를 가져오는 일 따위를 시키면 아주 잘 한다. 그래서 석유 가져오는 일은 아예 맡겨 놓았는데 아무리 추워도 싫어하는 법이 없다. 이런 아이를 방 안에 가두어 놓고 베끼고 외우는 숙제만 시켜서 될 일이 아니다. 강제로 자꾸 시키면 학교 오다 중간에 놀아 버리거나, 삐뚤게 나갈지도 모른다. 그러니 이런 아이에게는 억지로 끌고 가려고 하는 그런 숙제보다 제 신바람으로 할 수 있는 일부터 시작해야 하리라 본다. 숙제 안 해 왔다고 해서 소변기 청소 시키고, 옷 벗기는 일은 매를 드는 것보다도 몇 배 더 야만스런 짓이라 볼 수밖에 없다.

숙제는 정말 정말 하기 싫다

숙제, 숙제라고 생각하면 언제나 하기 싫다는 생각밖에 안 든다. 1학년, 학교에서 배운 것을 집에 와서 외우거나 아니면 산수 공부다. 1학년 때는 부모님의 성화에 억지로 해 갔다. 2학년 때는 선생님이 착하셔서 숙제는 별로 내주지 않으셨다. 그래서 조금씩 게을러졌다. 숙제는 학교에서 했고, 집에서는 하지 않았다. 그렇게 해서 2학년의 즐거움은 가고 3학년 아주 못된 선생님을 만난 것이다. 숙제는 매일매일 들이닥친다.

"오늘 사회책 몇 쪽에서 몇 쪽까지 읽고 공부해 와. 내일 쪽지 시험 칠 테니까."

또 그다음 날은 "읽기책, 동시 그거 다섯 번씩 공책에 쓰고 외워 와!"

집에 오면 놀지도 못하고 책상 앞에 앉아 꾸벅꾸벅 숙제를 한다. 어떤 때는 하기 싫어서 그냥 맞고 말지, 하는 생각도 많이 해 보았다. 집에 와서 공부 안 하고 놀고 있으면 엄마께서 강제로 때리며 시켰다. 그래서 다음 날은 맞지 않기 위해 숙제하느라 방구석에만 쪼그리고 앉아 있는다.

4학년, 이제 내 스스로 모든 것을 알아서 해야 할 나이다. 학교에서 숙제를 내주면 바로 방에 들어가 숙제를 했다. 그런데 어느 날 아파서 숙제를 못 해 가게 되었다. 그냥 학교에 갔다. 선생님께서 숙제 안 해 온 아이 일어나라고 한다. 나는 일어났다. 이야기도 듣지 않고 그냥 때리기만 했다. 다음 날부터는 아파도 선생님께 야단맞을까 봐, 매 맞을까 봐 울면서 숙제를 했다. 그러니까 나는 이때까지 누구에게 보이기 위해 형식적으로 숙제를 해 오기만 했다. 숙제가 하기 싫었고 머리가 띵하니 아팠나. 숙세는 정말 정말 하기 싫나.

(6학년 ○○○)

무슨 일이든지 원인도 밝혀 보지 않고 아무렇게나 결론을 내리고 처리를 해서는 안 된다. 여기서, 숙제를 못 한 이유조차 알아보지 않은 것은 더 말할 것도 없다. 더구나 아무리 이유를 말해도 "너 거짓말이지. 못 믿겠어. 손바닥 내밀어!" 이렇게 밀어 주지 않을 때, 억울하고 속 타는 마음은 어떨지 생각해 봤는지 모르겠다.

　지금까지 숙제에 대해 몇 아이들 소리를 들어 보았다. 물론 숙제 때문에 남달리 어려움을 당한 아이들의 글 가운데 몇 편을 골라 실었다. 30분 만에 다 할 수 있는 숙제인데 놀다가 못 해 왔다는 아이들도 있었고, 그리기, 글짓기 따위 특별 숙제보다 문제집 풀이하는 것이 더 좋다고 하는 아이도 있었다. 또 숙제를 아주 조금 내주어도 무조건 많다고 하는 아이들도 있었다. 그러나 하나로 뭉쳐진 목소리는 숙제가 아주 싫다는 것, 시험처럼 두렵다는 것이다. 만약 이렇게 점수 따기 경쟁을 위해서 하는 지겨운 숙제를 재미있다고 하는 아이가 있다면 병이 들어도 단단히 든 아이라 보면 틀리지 않을 것이다. 그래도 어른들은 마땅히 해야 하는 거라며 끊임없이 아이들에게 짐만 지워 왔다. 그런 미련스런 생각으로는 아이들을, 더구나 이제 싹이 나서 자라려고 하는 아이들을 바로 자라게 할 수 없다. 진실로 아이들이 살아가는 데 무엇을 어떻게 해 주어야 하는지 바로 알았으면 좋겠다.

재미있는 숙제란?

점수 따기 공부만을 시키기 위해 우리 아이들을 밤낮없이 내몰아야 하나? 똑 따먹기 식의 지식만 주워 담게 하기 위해 베껴 쓰게 하고, 달달 외우는 것만 하도록 해야 하나? 그게 아닐 게다. 나는 사람이 살아가는 가운데서 삶을 배우도록 해야 한다고 본다. 사회 모습이나 자연 모습을 있는 그대로 보고, 몸으로 겪어 보고, 몸으로 느껴 보면서 생각하고, 또 한번 살펴보면서 삶을 바로 세워야한다. 그러면서 앞으로 삶이 더 나아가게 가꾸고 다져 나가도록 해야 한다.

또 한 가지는 머리말에서도 말했지만 아이들 속에 잠자거나 죽어 가는 창조성을 일깨워 주어야 한다. 똑 따먹기 식으로 얻은 지식으로는 또 다른 무엇을 창조해 낼 수가 없다. 또 창조성을 일깨우는 일은 억지로 되는 것이 아니다. 억지로, 짜여진 틀에 맞춰 무엇이든지 하면 창조성은커녕, 그러잖아도 상처투성이인 인간성까지도 더욱 상처받게 할 수 있다. 창조성은 끝없이 열려 있는 공간에서 하고 싶어서 스스로 하는 일에서 나오는 것이다. 그런 뜻에서 보면 내가 실천해 본 재미있는 숙제는 아주 조그마한 것이지만 하나의 방법이 되리라 본다.

재미있는 숙제란 아이들이 재미있게, 즐겁게, 신나게 하다 보면 저절로 삶이 가꾸어지고 창조성이 일깨워지는 숙제로 생각하면 되겠다. 나도 처음부터 그런 큰 뜻을 두고 실천한 것은 아니다. 실천하다 보니 그렇겠다 싶어 조금씩 발전시켜 보려고 노력했을 따름이다. 정말 그런 큰 뜻이 이루어지도록 연구하고 발전시켜야 할 것이다.

재미있는 숙제와
글쓰기

　글은 남의 삶을 아주 멀리서 바라보고 썼느냐 바로 자기 몸으로 겪고 썼느냐에 따라서 죽은 글이 될 수도 있고 살아 있는 글이 될 수도 있다. 멀리서 바라보고 쓴 글은 아무리 감쪽같이 눈을 속여도 구멍이 나 있게 마련이다. 아이들이 삶 속에서 있는 그대로 쓴 글은 어설프다 싶어도 살아 있는 싱싱한 맛이 난다. 따라서 그런 글을 쓸 수 있는 글감을 찾으려면 여러 가지 경험이 있어야 한다. 시멘트 건물과 아스팔트 바닥과 희뿌연 하늘로 둘러싸인 길로 해서 학교에 왔다가 집으로 돌아가고, 다시 학원에 갔다기 또 집에 돌이가 베끼고 외우는 숙제를 하고, 잠을 자고, 조그마한 틈이 생기면 텔레비전 앞에 앉거나 전자오락을 하고 있으면 거기서 무슨 살아 있는 글이 나올까? 도시 아이들이 농촌 아이들보다 더 싱싱한 글을 쓸 수 없는 것도 바로 이것 때문일 게다.

　재미있는 숙제는 이런 아이들에게 아주 좋은 온갖 종류의 글쓰기거리를 주는 일도 하고 있다. 몸으로 직접 겪으면 무슨 별난 방법이 없어도 아주 쉽게 술술 글을 잘 써 내려갈 수 있다. 따라서 재미있는 숙제를 내줄 때는 글쓰기를 한다는 것을 미리 알려 주어 더 겪어 보고, 더 눈여겨보도록 하는 것이 좋다.

글을 쓰게 할 때는 겪은 그대로, 말하고 들은 그대로, 본 그대로, 느끼고 생각한 그대로 자세하게 써 내려가도록 하면 된다. 그러나 그냥 자세하게만 써 오라고 해서는 더 좋은, 싱싱한 글을 맛볼 수 없다. 숙제에 따라서 어떤 점에 더 마음을 두고 써야 하는지 아주 자세하게 일러두어야 한다.

예를 들면 '발 본뜨기' 숙제에서는 발 본뜨기 하려고 마음먹을 때부터 식구들 얼굴 표정이라든가 식구들이 한 행동, 말, 발의 생김새, 발을 보고 느끼고 생각한 것 따위에 특별히 더 마음 써서 빠뜨림 없이 쓰도록 하는 것이다.

재미있는 숙제거리를
내주고 가르치는 방법

　　재미있는 숙제가 되도록 하자면 먼저 아이들의 흥미와 호기심을 불러일으켜야 한다. 그리고 숙제를 하면서 자기도 모르게 신이 나고 재미가 붙도록 해야 한다. 어른들은 몸에 좋다면 아무리 쓴 약도 먹지만 아이들은 약이 아무리 몸에 좋다고 해도 쓴 약은 먹기 싫어하기 때문에 스스로 쓴 약을 먹을 수 있을 때까지는 쓴맛이 없거나 적게 나도록 해 주어야 하는 것과 같은 이치라고나 할까. 그러자면 따분한 시간이 너무 길어서도 안 되고, 처음부터 너무 힘들어서도 안 된다. 참을성이나 끈기 같은 것은 다른 자리에서 다른 방법으로 길러 주기로 하자.

　　교사는 미리 어떤 목표를 가지고 계획을 세워 숙제를 내주어야 하지만 아이들은 그것을 느끼지 않도록 하는 것이 좋다. 따라서 놀이와 가깝게, 아주 가벼우면서도 쉽게 할 수 있는 것부터 내주어야 한다. 좀 더 재미가 붙게 되면 처음에는 조금 하기 싫고 힘들어도 하다 보면 저절로 재미가 생겨 그 속에 빠져들 수 있는 숙제도 내준다. 베껴 쓰고 외우는 것에만 길들어 있는 몇몇 아이들은 활동하는 것을 싫어해서 이 '재미 숙제'를 오히려 귀찮아하기도 하는데, 그런 아이들도 자꾸 깨우쳐 주어야 한다.

재미있는 숙제는 한 주에 한 번 정도 내주는 것이 알맞다. 아무래도 시간이 넉넉한 주말에 하도록 하는 것이 좋겠지. 그리고 이때는 다른 숙제는 내주지 않는 게 좋다. 어떤 숙제는 몇 날 며칠 또는 오랜 기간을 두고 해야 하는 것도 있는데, 이런 것은 시간이 더 많은 방학 때 하도록 한다.

재미있는 숙제가 더욱 재미있게 되자면 시기와 사는 곳을 고려하고 학년 수준과 아이들 능력에 맞추어 내주어야 한다. 농촌 지역에서 1학년을 맡은 윤태규 선생님은 벼가 냉해를 입어 피해가 많다는 것을 아이들이 직접 보고 느낄 수 있도록 벼 이삭 알갱이를 충실한 것과 쭉정이를 구별해서 헤아려 보라는 숙제를 냈다고 한다. 이것을 3, 4학년에게 내준다면 벼 한 포기 또는 몇 포기의 개수를 헤아려 보도록 할 수 있겠고, 5, 6학년은 논 몇 평방미터 넓이에서 예상 수확량은 얼마인데 쭉정이가 얼마이니 그 피해가 얼마나 되겠다는 것을 계산해 보도록 하면 되겠다.

재미있는 숙제거리는 아이들 생활에서 찾는 것이 좋다. 재미있는 숙제뿐만 아니라 학과 숙제도 아이들 생활에 맞게 고쳐서 내주면 살아 있는 공부가 될 것이다. 또, 아이들 스스로 재미있는 숙제거리를 찾도록 하는 것도 좋다. 자기들 스스로 정한 것은 어떤 어려움이 따르더라도 끝까지 포기하지 않고 해내기 때문이다.

재미있는 숙제

이 책에 몇 가지 내보이는 숙제는 내가 말한 재미있는 숙제의 조건에 가까우리라 생각하고 그때그때 생각나는 대로 해 본 것이다. 숙제 하나하나에 대한 의의나 가치 같은 것은 좀 더 겪어 보고 연구한 다음에 밝혀 쓰기로 하고 우선 아이들 글을 보면서 그 숙제에 대한 이해를 돕고, 의의나 가치를 찾아보기 바란다. 아이들 글이 아주 훌륭한 것도 아니니 이 점도 눈여겨보기 바란다.

숙제거리는 방학을 빼고 다달이 내줄 만한 것으로 묶어 보았다. 차례에 얽매이지 말고 형편에 따라 알맞은 숙제거리를 골라시 내어 보면 좋겠다.

식구들 발 본뜨기

식구들 맨발 한쪽을 종이 위에 올려놓고 사인펜이나 볼펜 따위로 본을 뜨는 것이다. 될 수 있는 대로 식구들이 한자리에 모였을 때 하는 것이 좋겠고, 본뜬 발 그림 안쪽 또는 옆에다 누구 발이며, 어떤 특징이 있으며, 그 발 주인이 그때 했던 말을 한마디씩 적어 보도록 하는 것도 좋겠다.

발 본뜨기를 해 나가는 가운데 온 식구들의 웃음과 눈물을 자아 내게 될 것이다.

발 본뜨기 그림

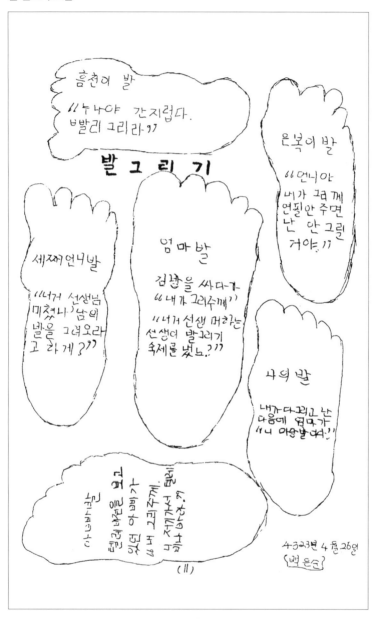

(경산 부림 초등학교 4학년 백은순 1990. 4. 26)

야 야 간지럽다 조심조심 해라

오늘 저녁에 내가 오빠, 아빠, 엄마를 집합시켰다. 그런데 할매는 놀러 가서 안 계셨다. 내가 식구 발 모두 그린다고 "발 주이소." 하니 막 웃었다. 아빠부터 그렸다. 아빠는 "야 야 간지럽다. 조심조심 해라." 하면서 "아빠 발 잘 그려 줘." 하였다. 내가 일부러 "아이, 발꼬랑내." 하니 막 모두 배를 검잡고 막 웃었다.

그다음 엄마 발을 그리는데 "야, 태민아, 안 그리면 안 되나. 너무나 간지럽다. 호호호……." 하면서 웃었다.

"에이 엄마, 못 그려야. 가만있어."

"흥!"

"엄마, 농담이야. 내 말 재미있지. 그렇지?"

모두 "하하 호호 히히 낄낄" 웃었다. 엄마는 너무 재미있다고 하였다.

그다음은 오빠 발을 그렸다. 오빠 발을 만지고 보니 보드라웠다.

"흥, 오빠 피부는 곱고 내 피부는 안 곱고……. 이 살찜 뚝 자를까." 하니 오빠는 "아이 씨이." 하였다.

나는 우리 식구 발을 만지니 기분이 좋았고, 우리 집은 한바탕 웃었다. 나는 그때 선생님이 고마우신 느낌이 들었다. 우리 집 다른 집도 화목하게 해 주니 신비한 마술이 있는 것 같았다. 나는 선생님이 6학년 때도 맡아 주었으면 좋겠다.

아빠, 엄마, 오빠는 나에게 이렇게 말하였다.

"너의 선생님 참 좋으신 선생님이다. 계속 맡았으면 좋겠다."

나는 "그렇지." 하면서 웃었다. 그린 발을 들어서 자세히 보여 주니 엄마, 아빠, 오빠는 "발이 이렇나." 하였다.

나는 발 그리기가 무척 재미있었다. 엄마와 아빠도 참 재미있다고 하였다.

나는 오늘 너무나 화목하였다. 꼭 오늘 천국에서 잔치하는 것 같았다.

(경산 부림 초등학교 6학년 박태민 1989. 12. 9.)

엄마 발은 너무 불쌍하다

선생님이 우리 가족 발을 그리라고 하셨다. 학교에서 오자마자 동생들한테 "동생들아, 발 대어라. 그게 우리 숙제다. 아나." 하고 말했다. 내 동생 윤미는 내가 발 그리는 것이 우습다고 "히히히." 계속 웃었다. 내 동생 동수는 내가 양말을 벗겨서 본떴다.

나는 동생들보고 "동수야, 윤미야, 너거 발은 너무 젊다, 그쟈." 하고 말하니 내가 그린 그림을 보고 웃었다.

그다음은 엄마 발을 그렸다. 엄마 발은 아빠 발보다 더 더러웠다. 발이 다 까지고 발톱에는 검은 때가 누르스름하게 끼어 있었다. 얼마나 1년 동안 일을 많이 했으면 발도 칼로 잘랐는 거보다 더 갈라졌을까. 나는 엄마 발을 보니 눈물이 나올라고 했다.

'엄마 발은 너무 불쌍하다. 내 동생 발과 내 발은 튼튼한데 엄마 발은 다 늙어 빠졌다. 꺼칠꺼칠하고 니무 차가운 발……' 하고 생각했다. 엄마의 발을 보면 우리 식구들을 알뜰하게 보살피고 돈도 벌려고 얼마나 애쓰는가를 알 수 있다. 이 꺼칠꺼칠한 발이 고맙다. 내가 커서도 일을 해서 엄마 발 아빠 발을 보호해 주고 따뜻하게 해 주겠다.

오늘 발을 관찰하니 부모님 발이 너무너무 고마운 것 같았다.

(경산 부림 초등학교 6학년 손보영 1989. 12. 8.)

부모님 팔다리
주물러 드리기

무엇이든지 가깝게 자주 대하면 아무리 귀한 것이라도 느끼지 못한다. 우리가 숨쉬는 공기가 그렇고, 밟고 살아가는 흙이 그렇다. 그 본래의 귀함을 잊고 사는 것이다.

부모님 사랑 또한 그러하다. 이러한 때 부모님 팔다리 30분쯤 주물러 드리기를 숙제로 내어 보자. 자식은 부모님 귀함을 다시 마음에 새길 것이고, 부모님은 갑작스럽게 변한 자식 모습을 의아해 하면서도 속으로는 흐뭇해할 것이다.

그러면서 '이렇게도 내 자식이 사랑스러울꼬' 싶은 마음에 자식 귀함을 가슴 깊이 한번 더 새길 것이다. 또 한 몸처럼 가까워도 서로 자기 마음으로만 살아가다 보니 시간 여유를 두고 차분히 앉아 다정한 이야기 한번 나눌 기회도 잘 없는데 서로의 마음이 한없이 부드러워지고 허물 없는 이야기도 나눌 수 있어 더욱 좋다. 자주 이런 기회를 갖도록 만들어 주자.

니가 웬일이고? 무슨 부탁 있나?

요번 주의 재미있는 숙제는 엄마 다리 주물러 드리기나 발 씻어 드리기다. 저번 주에는 엄마가 반대했기 때문에 하지 못했다. 그래서인지 요번 주에도 자신이 없었다.

여섯 시 이십 분쯤에 온 엄마에게 "엄마, 다리 주물러 주까?" 하고 물어보았다. 그러자 엄마는 빙긋이 웃으면서 이렇게 말했다.

"니가 웬일이고? 내 다리까지 주물러 줄려고 하노. 무슨 부탁 있나?"

난 그 말에는 대답 안 하고 전기장판 위에 앉혔다. 엄마는 몸을 뒤로 젖히고 두 팔로 버티었다. 엄마는 "아이고 우리 효자 손으로 주물러 주는데 한번 잘 주물러 봐라." 하고 농담 반 진담 반 섞인 소리로 말했다. 난 엄마와 이야기를 하며 다리를 주물렀다. 주무르는 나의 마음도 즐겁고 가벼웠다. 엄마의 다리를 계속 주무르다가 발이 부어 있다는 것을 알았다.

"엄마, 엄마 발 와 이래 부었노? 아침에는 안 그렇든데⋯⋯."
하고 물어보았다. 그러자 엄마는 태연히 "하루 종일 돌아다녔으니까 발이 안 붓고 되나. 다 너거 먹여 살릴라고 안 그랬나." 하고 말했다.

다리를 주물러 주는 손이 떨렸고 눈물이 핑 돌았다.

(경산 부림 초등학교 6학년 이동철 1991. 10. 10.)

엄마, 강으로 하까, 약으로 하까

엄마가 오늘 양파를 숨구셨다(심으셨다). 그래서 팔 주물러 드리기를 했다. 알림장을 보고 큰방에 갔다. 엄마가 이불을 펴고 계셨다.

"엄마, 내 숙제하는데 좀 도와도."

"아직도 숙제 덜 했나."

엄마가 짜증 난 목소리로 말하셨다. 그래서 내가 "엄마, 그기 아이고 일기 쓰는데 어머니 팔 주물러 드리고 쓰는 기 있어가." 하고 말했다. 엄마가 "알았다. 빨리 하고 자래이. 내일 아침에 못 일난다."

나는 엄마의 팔을 잡고 "엄마, 강으로 하까, 중으로 하까, 약으로 하까?" 하니 엄마가 "약으로 해라. 힘든다." 하셨다.

나는 팔을 주물렀다. 점점 세게 주무르고 있는 것 같았다.

"퍼떡 하고 저 방에 가가 자래이." 하셨다.

엄마 살은 손 있는 데는 일을 많이 해서인지 딱딱하고 어깨 있는 데는 물렁했다. 또 엄마가 "동지 니 (동진이 너) 숙제 다 했나?" 하셨다. 난 다 했다고 했다.

"동진아, 빨리 가가 일기 써라. 지금부터 일기 써도 열 시 안에는 다 못 한다."

나는 열 시 안에 다 할 수 있다고 자신 있게 말했다.

엄마는 우리 때문에 고생하며 일하신다. 나는 일 안 하니까 엄마 팔을 자주 주물러 드려야겠다.

(경산 부림 초등학교 6학년 박동진 1991. 10. 19.)

부모님 발
씻어 드리기

발은 우리 몸 전체를 받쳐 주고 옮겨 다닐 수 있게 해 준다. 행여나 윗몸이 더럽혀질까 조심을 하고, 행여나 옷과 신발이 더럽혀질까 조심을 하고 신발 대신에 진 곳, 더러운 곳에도 들어간다. 그러면서도 꼬랑내가 난다고 미움을 많이 당한다. 이 미움당하는 것, 버림당하는 것을 귀하게 여길 줄 알고 사랑할 줄 안다면 전체를 진정으로 귀하게 여기고 사랑할 줄 알 것이다.

손은 하루에도 여러 번 씻지만 발은 하루에 한 번 씻을까 말까 한다. 아이들에게 부모님 발을 씻어 드리는 숙제를 내어 보자. 때가 있고, 냄새가 나고, 갈라지고, 거친 부모님 발이 얼마나 귀한 발인가 하는 것을 느낄 것이다.

식구들 발을 날마다 한 사람씩 씻어 주도록 하는 것도 매우 좋을 것이다.

44

갑자기 아버지는 눈물을 흘리셨다

저녁에 나는 형에게 "형아, 오늘 또 재미있는 숙제한다." 하니 "좋겠다." 하며 부러워했다. 그때 아버지께서 발을 씻으셨다. 내가 얼른 "아빠, 이것도 재미있는 숙제다." 하니 아빠는 "뭐라꼬? 하셨다.

나는 얼른 아버지의 발을 씻기 시작했다. 형은 비누를 갖고 왔다. 나는 형에게 "고맙다." 했다. 아버지께서는 "재현아, 내가 할게." 하셨다. 나는 안 된다며 발과 발바닥, 다리를 씻었다. 때수건으로 비누칠을 해서 한 발 다 씻고 또 한 발을 씻기 시작했다. 아버지께서는 "재현아, 고맙다." 하며 칭찬을 해 주셨다. 나는 발을 더 깨끗이 씻었다. 물을 보니 비눗물과 땟물이 섞여 있었다. 한참 발을 다 씻고 "팔도 씻어 줄게." 했다. 나는 얼른 팔을 씻어 드렸다. 재미가 있었다.

갑자기 아버지는 눈물을 흘리셨다. 내가 "아빠, 울지 마라." 하니 "알았다. 고맙다, 재현아." 하시며 내 손을 꼭 쥐셨다. 나는 또 우리 엄마 생각도 나서 울 뻔했다. 아버지의 발을 다 씻고 방에 들어갔다.

(경산 부림 초등학교 6학년 윤재현 1991. 11. 21.)

별 히얀한 일도 다 있네

밖에서 놀다가 집에 들어와 보니 엄마가 발을 씻으려는 모습이 보였다. 그때 마침 재미있는 숙제 생각이 번득 났다. 그래서 "엄마, 잠깐만 있어라. 내가 발 씻어 줄게. 잠깐만 기다려래이." 하고 방으로 뛰어들어갔다. 수건을 하나 가지고 나왔다. 그것을 엄마 옆에다 놓고 발을 씻을 려고 하는데 "별 히얀한 일도 다 있네, 웅아가 엄마 발로 다 씻어 주고. 거참 신기하네." 했다. 그 말을 듣고 나니 나도 모르게 기분이 좋았다.

발을 씻었다. 엄마 발을 만져 보는 순간 나는 깜짝 놀랐다. 왜냐하면 엄마 발에 구둑살이 많이 배겨 있었기 때문이다. 그리고 엄마 발이 쭈글쭈글했기 때문이다.

"엄마, 발에 구둑살도 많고 쭈글쭈글하다."

"장에 많이 가가 안 카나."

나는 그 말을 듣고 아무 말도 하지 못했다. 그때 그만 물을 쏟고 말았다. 그래서 다시 물을 떠서 엄마 발을 계속 씻기 시작했다. 발을 더욱 깨끗이 씻기 위해서 빡빡 문질렀다. 그러니 엄마가 "아이고 따갑다. 좀 살살 해라." 했다. 그래서 살살 문질렀다. 한쪽 발을 다 씻고 다른 발을 씻기 위해 물을 다시 떠 왔다. 다른 쪽 발도 구둑살이 많이 배겨 있고 쭈글쭈글했다. 그래서 엄마 발을 한번 간지래 보았다.

"엄마, 안 간지럽나?"

"안 간지럽다. 빨리 씻기나 해라."

했다. 계속 발을 씻었다. 이번에는 물을 쏟는 일이 없도록 조심해서 씻었다. 발을 씻다가 엄마 얼굴을 보니 기분이 좋은지 웃고 있었다. 발을 다 씻고 수건으로 깨끗이 닦아 주었다. 오늘 엄마 기분이 아주 좋을 것이다.

(경산 부림 초등학교 6학년 김승웅 1991. 10. 6.)

야가 술 취했나

9시 50분인데 아버지는 들어오지 않아 10시 되면 잘란다 생각했다. 그렇지만 마음이 이상해서 5분 더 기다렸다 자기로 했다. 10시 3분이 되었다. 들어올려고 하는데 대문을 두드렸다. 아버지 어머니가 오셨다.

"아빠, 발 안 씻나." 하니 성난 목소리로 "씻어야지, 와?" 하시며 양말을 벗었다. 내가 양동이에 물을 떠 와서 "아빠, 발 대라." 하니 "야가 술 취했나. 니가 내 발을 씻어 줄라꼬." 하셨다.

아버지 발을 비누로 씻으니 쇠 같았다. 땐땐하고 꾸둑살이 많이 배겨 있었다. "아빠, 재미있제." 하니 재미없다 하였다. 난 발을 곽곽 긁었다.

"따갑다, 살살 해라."

"와, 재미없다매. 그래서 재미있게 안 해 주나. 재미있제."
하니 재미있다고 하였다. 아버지는 대구 갔다 와서 발 씻어 주니 좋다고 하하거렸다.

아버지와 난 정이 더욱더 두터워졌다.

(경산 부림 초등학교 6학년 신남철 1991. 10. 12.)

가족 팔씨름 대회

저녁만 먹고 나면 식구 모두가 텔레비전에 매달리는 게 일이다. 그곳에 빨려들어 가면 헤어나기가 쉽지 않다. 대화가 끊기고, 생각하는 것에 게을러지고, 텔레비전 속 어떤 주인공에 동화되어 자기 상실 현상이 일어난다. 이럴 때 자기 자리를 찾고, 식구들 속에서 자기 자리와 존재를 찾고, 식구들 자리를 바로 찾는 계기를 쉽게 만들어 주는 것이 팔씨름이 아닌가 생각한다. 저녁을 먹은 뒤 식구 모두 한자리에 모이게 하고 간단한 의식과 함께 리그전으로 최강자를 뽑는 것이다. 이때 간단한 상품을 주는 것도 좋겠고 식구 모두가 한 번씩 업어 준다든지 팔을 엮어서 가마을 만들어 태워 주는 것도 좋겠다.

가끔 윷놀이 같은 가족 놀이도 해 보도록 하자.

으랏차차차차차차

오늘 가족 팔씨름을 했다. 나는 먼저 동생하고 해 보았다. 그런데 내가 젖을 잘 못 먹었는지 동생에게 졌다. 동생은 엄마하고 했다. 동생이 먼저 "이얏차차차." 하면서 힘을 주었다. 그런데 엄마는 그냥 텔레비전만 보다가 음악이 나오니까 "어, '산 너머 저쪽' 하네." 하더니 금방 이겨 버렸다. 엄마는 또 아빠하고 붙었다. 엄마의 얼굴이 붉게 변했다. 엄마는 "으랏차차차차." 하면서 온몸에 힘을 주었다. 역시 엄마가 졌다. 엄마는 "아휴, 팔 아파 죽겠네." 하면서 팔을 흔들었다.

삼촌과 아빠가 붙었다. 나는 "삼촌 이겨라, 삼촌 이겨라." 응원하고 동생은 "아빠 이겨라, 아빠 이겨라." 하고 응원하였다. 삼촌과 아빠 두 사람은 얼굴이 빨갛게 되었고 팔에 핏줄이 보였다. 좀처럼 판결이 나지 않았다. 그런데 아빠 쪽으로 기울어지는가 하더니 아빠가 이겼다. 내가 "아이고 억울해. 아이고 아깝네." 하고 있는데 벌써 할아버지와 아빠가 팔씨름을 하고 있었다. 나는 할아버지 편을 들었다. 내가 "할아버지 이기소, 할아버지 이기소." 하며 힘을 썼으나 아빠가 이겼다. 아빠는 "아이고 아버님, 당하기 어렵네요. 겨우 이겼네요." 하였다.

"하하하."

"흐흐흐."

"껄껄껄."

"호호호."

"히히히."

막 웃었다. 아빠와 나와도 더욱 친해진 것 같았다. 이렇게 모여 팔씨름한 것도 처음이고 서로 웃는 것도 처음이다.

숙모가 "경환이는 문환이한테 졌데이." 하며 놀렸다.

부끄러웠다. 그렇지만 오늘의 팔씨름은 즐겁기만 했다.

(경산 부림 초등학교 6학년 금경환 1991. 11. 3.)

성실이 니 팔 힘 와 그리 세노

선생님께서 오늘은 일기를 더 잘 써 오라고 하셨다. 그런데 오늘은 쓸 거리가 없었다. 아무리 찾아봐도 없었다. 갑자기 전번에 선생님이 재미있는 숙제로 가족 팔씨름 대회를 하라고 하신 것이 생각났다. 오늘 그걸 하면 되겠다고 생각했다. 먼저 언니와 건령이한테 "우리 팔씨름 대회 할래?" 하니 한다고 하며 좋아했다. 난 먼저 상품을 정했다. 샤프 심과 공책이 되었다.

하다 보니 조금 허전해 엄마께 "엄마, 우리 가족 팔씨름 대회 할래?" 하니 엄마는 "엄마는 바쁘다. 너거끼리 해라." 하면서 하지 않을려고 하셨다. 내가 숙제라고 하며 끝까지 우기자 한다고 하셨다.

건령이와 같이 큰방으로 건너갔다. 먼저 성백이와 건령이의 경기였다. 나이 차가 나서 건령이가 성백이 팔목을 잡고 하도록 했다. 조그만 손이 건령이의 손과 어울리지 않았다. 예상대로 건령이가 이겼다. 성백이는 그래도 자꾸 하자고 했다.

엄마와 건령이가 할 차례다. 건령이는 이를 악물고 얼굴이 빨갛도록 힘을 주었다. 그러자 엄마는 "쪼맨한 게 힘은 세네." 하며 놀라셨다. 그 때 손은 엄마 반대 방향으로 쓰러졌다. 엄마와 건령이는 될 턱이 없었다. 그러자 성백이가 "엄마, 내하고 하자." 하였다. 아직 힘도 없는 성백이와는 상대가 안 된다고 생각하셨나 보다. 그러나 무엇보다도 가족 팔씨름 대회란 제목을 붙이고 시작했기 때문에 난 자꾸 하라고 했다. 말 안 해도 알겠지만 보나 마나 한 경기였다.

"빤바바빤 빠바바빤."

드디어 최종 대회인 엄마와 나의 경기가 시작되었다. 나는 꼭 이겨야지 하는 생각으로 이를 악물었다. 담요 위에 팔꿈치를 대고 손을 야무지게 잡았다.

"시작!" 하는 소리와 함께 힘을 주었다. 나도 엄마도 질 생각을 안 했다. 건령이와 성백이도 눈을 동그랗게 뜨고 어느 쪽으로 기우는지 유심히 보았다. 거의 그 자리에서 약간씩 움직일 뿐 어느 쪽으로도 기울지 않았다. 엄마가 "성실이 내보다 힘 더 세네." 하실 때 이때가 기회다 생각하고 힘을 꽉 주었다. 엄마는 나한테 졌다. 내가 엄마한테 이기니 기분이 너무 좋았다. 엄마가 억울하신지 한 번 더 하자고 하셨다. 난 한다고 하였다. 요번엔 엄마도 만만치 않았다. 내 쪽으로 약간 기울였다. 난 젖 먹던 힘까지 내어서 밀었다. 그때 어깨가 찌릿한 걸 느꼈다. 아무리 해도 난 엄마한테 지고 말았다. "성실이 니 팔 힘 와 그리 세노." 하시길래 웃으며 "학교에서 많이 해 봤거든." 하고 대답했다.

이젠 단 사람, 아빠와의 시합이 남아 있었다. 물론 아빠하고 하면 지는 건 당연한 일이지만 "아빠, 내하고 팔씨름 한 판만 하자." 하니 아빠는 대답은 안 하시고 담배를 물으시더니 팔을 세우셨다. 손을 잡고 "시작!" 소리와 함께 힘을 주었는데 금세 기울어져 있었다.

아빠는 웃으셨다. 우리 식구는 모두 웃었다. 나는 기분이 너무 좋았다.

(경산 부림 초등학교 6학년 박성실 1991. 11. 12.)

나물 캐어
먹을 것 만들어 먹기

옛날 우리 조상들은 살기가 아주 어려웠을 때 자연에서 나는 들나물, 산나물을 캐어다 죽을 끓여 먹으며 살아왔다고 한다. 따지고 보면 자연에서 나는 나물들은 우리 목숨인 셈이다.

요즘에도 밥상에 오르는 모든 먹을 것 가운데 맑고 깨끗한 들이나 산에서 나온 나물은 그 향기만 맡아도 밥맛이 살아나는 최고 반찬으로 꼽아도 괜찮을 것 같다. 내가 어릴 때만 해도 어머니 따라 들나물을 캐었고, 도시락을 싸 가지고 산나물 캐러 먼 산까지도 다녔는데 이제는 그것도 아주 옛날 일이 되고 말았다.

3월, 싸늘한 바람이 불어 완전한 봄이라고 느끼기에는 이르지만 양지바른 언덕이나 밭둑을 꼼꼼히 살펴보면 신비하게도 죽은 듯했던 식물들이 벌써 꿈틀꿈틀 깨어나고 있다. 그 식물들 가운데 사람이 먹을 수 있는 들나물도 여러 종류가 있다. 그런데 아이들은 그런 것을 잘 모르고 자라거나, 알아도 그것이 얼마나 귀한지를 잘 느끼지 못하고 지낸다. 들에 나는 식물 가운데서도 맛나는 먹을 것으로 만들어 먹을 수 있는 들나물 모양이 어떤가도 알아보고 자연의 고마움도 느끼며 들나물을 캐어, 먹을 것으로 만들어 먹도록 숙제로 내주자.

이른 봄에는 한겨울 동안 답답했던 마음도 풀 겸 식구들과 같이 들나들이를 가면 더욱 좋겠다. 4월이면 산나물도 나기 시작할 것이다. 식구들과 산나물도 직접 캐어 와서 먹을 것으로 만들어 먹도록 해 보자. 농촌이나 산촌 아이들은 그 아이들대로 살아 있는 공부가 될 것이고, 자연을 모르고 살아온 도시 아이들에게는 더없이 좋은 공부가 될 것이다. 식물도감에서 그 나물의 이름, 특징 따위를 찾아보면 더욱 좋겠다.

내가 캔 냉이라서 더더욱 맛있네

다섯 시쯤 엄마와 재미있는 숙제 '나물 캐어 음식 만들어 먹기'를 하려고 칼, 바구니, 봉지 등 가지고 가야 할 준비물을 챙겨 우산을 들고 엄마와 함께 냉이를 캐로 갔다.

"엄마, 전에 냉이 캔 곳에 가요. 거기는 냉이가 참 많고 깨끗하던데."

"그래 니 말이 맞다. 거기 가서 냉이 캐 오자."

엄마는 다정스럽게 말하셨다. 가는 길에 콧노래가 저절로 나왔다.

"음 으음 음음음……"

엄마께서 콧노래 부르는 나를 보고 조용히 씨익 웃으셨다. 끝나고 나니 엄마께서 손뼉을 쳐 주셨다. 기분이 참 좋았다. 우리가 가는 곳은 당면 공장 뒤에 있는 밭이다. 도착해 보니 땅이 절벅절벅했다. 그렇지만 마음은 들떠 있었다. '국 끓여 먹자.' 이렇게 생각만 해도 가슴이 부풀어오르고 터질 것 같은 느낌이 들었다.

"혜현아, 어서 뜯자."

엄마께서 말씀하셨다.

"예."

엄마께서는 뿌리까지 잘 뽑으시는데 나는 잎만 뜯어서 엄마와 나는 한바탕 크게 웃었다. 선생님 말씀처럼 봄바람도 쏘이고 냉이도 먹을 수 있다는 게 참으로 보람 있는 일이다. 나는 냉이를 캐다가 발을 잘못 디뎌 질퍽한 땅에 넘어지고 말았다. 입고 간 옷이 다 더럽혀졌다.

"아이, 이런 날에 넘어질 게 뭐람. 아아아휴우……."

나는 화가 나서 투덜거렸다. 엄마께서 어서 집에 가서 갈아입자고 하셨다. 집으로 오는 길에 엄마 코트로 가리고 왔다. 냉이는 참 많이 캐었다.

"혜현이 오늘 재미있는 숙제 멋지게 되었네."

"아이 참 엄마는……."

집에 와서 옷을 갈아입었다. 엄마께서 냉이국을 끓여 주셨다.

"내가 캔 냉이라서 더더욱 맛있네."

우리 식구들은 모두 맛있다 하면서 먹었다.

(경산 중앙 초등학교 4학년 김혜현 1992. 3. 18.)

별금자리 튀김은 우리 엄마만 할 수 있다

공부를 하고 있는데 엄마께서 재미있는 숙제를 하자고 말씀하셨다. 체육공원 근처에 가서 바람도 쏘이고 공부도 되고 이익이 많다고 하셨다.

나는 쑥, 냉이 등을 뽑고, 엄마께서는 씀바귀, 별금자리(벼룩나물), 바쁘제나물(뽀리뱅이)을 뽑았다. 맨 처음에는 두세 포기 뽑았는데 뽑다 보니 두세 포기가 아니라 오십 포기쯤 뽑고 말았다. 내가 그만 뽑자고 했는데 엄마께서는 "국하고 무침, 튀김, 양념을 할려면 이것으로 모자라니 조금만 더 뽑고 가자." 하셨다. 나는 다시 뽑기 시작했다.

저녁에는 국과 무침, 튀김, 양념을 먹을 수가 있었다. 국은 쑥국, 무침은 냉이와 씀바귀, 튀김은 별금자리, 양념은 바쁘제나물이다. 쑥국 맛은 약간 씁스무리하고, 냉이와 씀바귀 무침은 풋내가 났다. 별금자리 튀김은 우리 엄마만 할 수 있을 것이다. 무슨 양념인지는 몰라도 그 양념과 별금자리를 넣어 튀겨서 먹으니 그 맛이야 말할 수 없다. 거기다 엄마의 정성이 담겨 있으니 더 말할 것도 없다. 양념은 바쁘제나물을 가루(잘게 썰어)로 내어 물기를 짜고 고춧가루와 간장을 넣고 또 무엇 무엇을 넣어 만드는데 기차게 맛있다.

이런 숙제를 내어 주신 선생님께 감사한다. 다음에도 이런 숙제를 내어 주셨으면 좋겠다. 왜냐하면 기분도 좋지만 이틀분 반찬을 내 손으로 뽑았기 때문이다. 내 동생도 먹었는데, 맛있다고 했다.

(경산 중앙 초등학교 4학년 김선주)

버들피리
만들어 불기

우리가 어릴 때는 학교에 오가면서 시냇가 버드나무 가지를 꺾어 만든 버들피리를 참 많이도 불었다. 어디 그뿐인가. 손만 내밀면 잡히는 아카시아잎이나 풀잎을 뜯어 입에 물고 즐겁게 신나게 풀피리를 불었다.

그런데 요즘은 그 버들피리 소리 들어 보기도 참 어렵다. 농촌 아이들도 그 소리를 잃어가고, 특히 도시 아이들 가운데는 버들피리나 풀피리가 어떤 것인지도 모르는 아이가 더 많다. 아마 대부분 모를 게나. 그만큼 사연을 모르고 자란다는 것이다.

시멘트 문화에 찌들고 딱딱한 기계에서 나는 소리만 들어 마음이 메마른 우리 아이들에게 자연의 소리를 스스로 내면서 듣는 즐거움을 주자. 기계에서 나오는 소리가 아무리 아름답다 해도 자연의 소리만 할까. 자연의 소리는 언제나 마음을 맑게 해 준다.

4월, 따뜻한 봄이면 나뭇가지에는 한창 물이 오른다. 이때 냇가 버드나무 가지를 꺾어 조금 비틀면 껍질과 속나무가 분리된다. 여기서 속나무를 빼내 버리면 통껍질만 따로 나오는데 그 끝 0.5센티미터 정도까지 겉껍질을 벗겨 내고 불어 보자.

"뿌우우 뿌우우." 아주 신기한 소리가 난다. 이것이 버들피리다. 복잡한 관광지로 놀러 가기보다 조용한 시골 냇가로 아이들을 데리고 가서 버들피리도 꺾어 불도록 해 보자. 또 아카시아잎이나 풀잎이 자라면 풀피리도 불어 보도록 하자. 요즘은 보리밭이 드물어서 할 수 있을지 모르겠지만 보리피리도 불어 보면 좋겠다.

자연과 가까이하는 데서 자연을 사랑하는 마음이 싹트지 나뭇가지, 풀 한 포기 건드리지 않는다고 해서 자연을 사랑하는 마음이 생기는 것은 아니다.

세계음악

재미있는 숙제를 할려고 체육 공원 근처에 갔다. 왜냐하면 거기에 버드나무가 있기 때문이다. 버드나무를 힘들게 구했다. 왜냐하면 다른 것들은 전부 다 작은 거였기 때문이다. 거기는 시원하였다. 이때까지 있었던 갈증이 싹 씻겨 내려가는 것 같았다. 풀이 있어서 눕고 싶었지만 풀이 더러웠다. '에이 여기 왜 이렇게 더럽노. 눕지도 못하겠네, 에이.' 투덜대며 버들가지를 꺾었다.

집에 와서 엄마보고 "엄마, 버들피리 만들 줄 아나? 알면 좀 만들어도, 응?" 하니 엄마는 "지영아, 그거 재미있는 숙제라는 거제? 맞제." 하였다.

"응 엄마, 내 알림장 봤제? 안 그러면 어떻게 아노."

"그래 봤다. 보면 안 되나 어? 그러면 안 만들어 준데이."

"아 아니다 봐도 된다. 실컷 봐라. 그 대신 일기장은 보지 마래이."

"알았다. 아 참! 니 버들피리 만든다매? 가져왔나? 만들어 주께."

나는 버들가지를 주었다. 엄마는 먼저 버들가지를 쥐고 비틀었다. 아주 힘껏 비틀었다. 그래도 안 되었다.

엄마는 "아휴우 힘들어서 더 이상 못 하겠다. 그만해." 하면서 누웠다. "어엄마아 꼬옥 해야 된다. 안 하면 내 죽는단 말이야." 하니 웃으면서 "그래, 니 죽는 것보다 내 죽는 게 더 낫지, 아이고." 하면서 만들었다. 손 힘을 다해 비틀었다. 억지로 해서 다 되었다.

바깥 거 가지고 엄마는 끝을 칼로 쓱쓱 다듬었다. 다 하고 나서 엄마가 불려고 했다. 그때 "잠깐만! 잠깐만 기다려 도." 하고 나서는 "자 기다리고 기다렸던 세계 음악회, 연주회를 지금부터 시작하겠습니다." 하니 아빠와 동생은 손뼉을 쳤다. 산토끼 노래를 불었다.

"뿌우 뿌 뿌 뿌뿌뿌 뿌우 뿌 뿌 뿌뿌뿌 뿌우뿌 뿌우뿌 뿌뿌뿌 뿌우 뿌 뿌 뿌뿌뿌."

다 마치고 나서 나, 아빠, 다 함께 손뼉을 쳤다. 나도 한번 해 보았는데 입이 무척 아팠다.

"우와 입 아프나. 엄마는 어떻게 부노. 아아 아파."

다음엔 내가 손수 만들어서 쉬운 노래를 연습해서 잘 불고 싶다. 그래서 금요일날 하는 가족 회의 때 '나의 자랑'에서 상을 타야지. 오늘 하여튼 재미있다. 그리고 "뿌우." 소리가 난다는 게 신기하다.

(경산 중앙 초등학교 4학년 최은애 1992. 4. 19.)

꼭 방구 소리처럼 괴상하였다

저녁때쯤에 나와 동생 그리고 아버지와 재미있는 숙제를 할려고 온 곳을 헤맸다. 오늘 재미있는 숙제가 뭐냐 하면 버들피리 만들어 불기다.

계속 헤매다가 버드나무를 찾았다. 아버지께서 가지를 꺾으셨다. 먼저 껍데기를 돌려서 속의 나무를 빼고 한쪽을 칼로 껍질을 살짝 벗겨 만들었다.

소리가 꼭 방구 소리처럼 괴상하였다. 나와 내 동생은 너무너무 웃었다. 그때 내 동생이 구름에 가린 달을 보고 "부앙!" 하고 불었다. 그런데 이상하게도 달이 얼굴을 내미는 것이다. 내 동생은 "우와! 이 피리 뭐 이런 게 다 있노." 하며 눈이 띵그래졌다. 나는 집에 얼른 뛰어가 어머니께 자랑을 하였다.

어머니는 버들피리로 노래를 부르셨다. 어머니께서는 엄지손가락만 한 가지도 있다고 하시며 꺾어 오라고 하셨다. 아버지께서는 얼른 가서 꺾어 오셨다. 너무 굵어 나는 막 웃고 웃었다. 배꼽이 빠질 뻔하였다. 아버지께서 만들어 나에게 주셨다. 나는 기대하며 크게 불었다. 우리 집 전체가 날아갈 정도로, 정말 이것은 방구 소리 중에서도 거인 방구 소리다.

저녁 먹을 시각이 되었다. 어머니께서 "밥 먹어라." 하시며 부드럽게 대하셨다. 나는 못 들은 체하고 온갖 힘을 다해 버들피리를 만들었다. 그런데 껍데기를 돌릴 때가 제일 안 됐다. 다 만들어 불어 보니 하여튼 내가 만든 게 더 소리가 좋았다. 내 동생은 껍데기 속에 있는 나무 냄새를 맡고 꼭 수박 냄새 같다고 하며 혀를 날름거렸다. 나도 재미있어서 따라 했다. 오늘은 너무 상쾌한 날이다.

(경산 중앙 초등학교 4학년 박대희 1992. 4. 15.)

예쁜 돌
세 개 주워 오기

냇가에 가면 크고 작은 돌들이 수없이 많다. 무심코 보면 그것이 그것 같지만 모난 돌, 둥근 돌, 동글납작한 돌, 길쭉한 돌, 울퉁불퉁한 돌, 모양도 가지가지고 색깔도 가지가지로 어느 하나도 같은 것이 없이 저마다 독특한 모습을 지녔다.

이렇게 많은 돌들 가운데서 자기가 좋아하는 돌 세 개만 주워 오도록 해 보자. 우선 무엇보다 숙제란 짐이 없어 가벼운 마음으로 할 수 있어 좋다. 주울 때 돌 하나하나 모습을 유심히 보도록 하고, 사람으로도 생각해 보도록 하고, 하나하나에 의미도 붙여 가며 줍도록 해 보자. 여름이라면 저학년은 돌 쌓기, 늘어놓기, 꾸미기 놀이도 해 보게 하면 좋겠다. 돌을 주워 올 때는 그 돌이 놓여 있던 장소도 잘 알아 놓도록 하자.

우리 반은 11월에 했는데 날씨가 쌀쌀해서 마음 편안하게 놀면서 하지 못했다.

모든 돌이 소중하게 느껴졌다

"병철아, 내하고 금호강 가자." 하고 말해도 가만히 있던 동생 병철이가 이유를 이야기하니까 알겠다고 하였다. 병철이와 나는 금호강으로 출발하였다. 4시 40분 정도의 시각이었다. 들은 아주 평화롭고 고요하고 사람이라곤 하나도 보이지 않았다. 멀리 찻길에 차 지나가는 것이 보일 뿐이었다. 하늘에는 구름이 몇 개 떠 있어 정말 멋있는 광경이었다.

가다가 "누가 예쁜 돌 줍는지 내기할래? 꿀밤 때리기로……." 하고 말하였다. 그러니 병철이가 "좋다. 내가 예쁜 거 찾는다." 그러며 막 웃었다.

한참 가다가 병철이가 "히야, 좀 업어 도." 하였다. 나는 "이제 조금만 더 가면 되는데." 하고 말하였다. 그러나 병철이는 계속 졸라 대었다. 나는 '아휴' 하고 업어 주었다. 별로 무겁지는 않았지만 얼마 가지 않아서 "어휴, 죽겠다. 이제 내려온나." 하니 미안한지 내렸다.

이렇게 걸어서 약 15미터 정도 가까이 왔을 때 보니 영국이와 동수가 먼저 와 있었다. 그 아이들도 아직 돌멩이를 줍지 않았다고 하였다. 나는 "햐아, 그라마 우리하고 같이 줍자." 하며 강으로 내려갔다. 그런데 너구리가 발목이 잘려 죽어 있는 것이었다. 끔찍하고 불쌍해서 눈을 딱 감았다. '누가 이런 짓을 했노.' 원망을 하였다. 강에는 배도 있어 조금 타 보기도 했다. 약간 손이 시렵긴 해도 재미있었다.

드디어 예쁜 돌을 줍기로 하였다. 강가에는 돌멩이들이 상당히 많이 있었다. 그중에서 작은 자갈은 한곳에 옹기종기 모여 살고 있는 것 같았다. 발로 휘저어 살펴보기도 하였다. 밑에는 물기도 있었다. 어, 그런데 신기하게도 더 밑에는 모래만큼 작은 것이 있었다. 아마 작은 것부터 퇴적이 되어서 그렇지 싶다.

"햐아, 이거 예쁘제.""이거 괜찮나." 하면서 돌을 주웠다. 돌은 약간
차갑기도 했다. 남색 돌, 이암, 줄무늬가 많은 돌, 동글동글한 돌, 색깔
이 많은 돌, 여러 가지였다. 그런데 이상하게도 모든 돌이 보기가 싫지
않았다. 자연 그대로 보니까 모든 돌이 소중하게 느껴졌다. 그러면서
난 자꾸만 "와, 종류가 많기도 하다." 하며 말하였다. 그중에서 구멍이
뚫린 돌도 있었다. '이까지 화산이 터져 나왔나?' 이런 생각도 들었으나
금방 상류에서 떠내려왔다는 걸 알았다.

우리들은 서로 예쁜 돌을 찾아 헤매다가 어두워지는 것도 잊어 먹어
버렸다. 더 어두워지자 집으로 향하였다. 벌써 하얀 달이 떠 있었다. 잎
이 다 떨어진 나무들이 쓸쓸하게 보이기도 했지만 쭉쭉 뻗은 나뭇가지
와 서쪽 하늘에 아직도 붉게 빛나는 저녁노을이 말할 수 없도록 아름다
웠다.

약간은 추웠지만 재미있는 시간이었다.

(경산 부림 초등학교 6학년 허병대 1991. 11. 13.)

돌을 가지고 오니 좀 미안한 생각이 들었다

학교에 갔다 와서 밥을 먹고 책을 읽고 있으니 앤지 심심한 생각이
들었다. 그래서 무심코 꺼낸 알림장을 들여다보았다. 제일 뒤쪽을 보니
까 재미있는 숙제에 대한 것이 나와 있었다. 쉽고 재미있는 일이 없을
까 하고 보니 예쁜 돌 줍기가 재미있게 보였다.

우리 집에서 가까운 도랑으로 갔다. 도랑이 얕아서 그런지 물이 하
나도 없었다. 빨래를 하던 곳에는 아이들이 소꿉장난을 하고 간 흔적이

보였다. 여기저기 유리 조각이 있었고 흙과 자갈이 많이 떨어져 있었다. 바람은 좀 세게 불었지만 햇볕은 따뜻하게 내리쬐었다. 얼핏 보니까 도랑에는 예쁜 돌이 없는 것 같았다. 그래서 자세히 보니까 동그란 돌이 비쳤다. 가서 보니 정말 예쁜 돌이었다. 나도 모르게 "와, 하나 찾았다!" 하며 소리쳤다. 내가 좀 큰 소리로 질렀는지 지나가던 사람들이 돌아보았다. 좀 부끄러웠다. 조금 있으니까 내 동생 해웅이가 왔다.

"누나야, 뭐 하는데?"

"예쁜 돌 줍기 한다. 니도 좀 주워 줄래?"

"난 놀러 가야 되니까 누나야 혼자 잘 해 봐라."

또 찾아보니 세모난 돌이 있었다. 맨들하지는 않았지만 모양은 예뻤다. 난 "이제 없다." 하고 조금 더 올라가서 돌을 주웠다. 산 모양으로 된 돌이 있어서 그걸 주웠다. 내가 거기에 있는 돌을 가져오니까 좀 미안한 생각이 들었다. 꼭 빼앗아 오는 기분이 들었기 때문이다.

엄마께서는 "돌 버려라." 하셨다. 난 "싫어요." 하며 말했다.

돌이 예쁘긴 한데 찜찜한(찜찜한) 마음도 없지 않았다.

(경산 부림 초등학교 6학년 조수경 1991. 11. 20.)

주워 온 돌
제자리에 갖다 놓기

한 주 전에 숙제로 주워 온 돌을 제자리에 갖다 놓도록 하는 것이다. 까닭을 모르는 아이들은 투덜대기도 할 것이다. 무엇이든 자기 마음에 들면 자기가 소유해야만 마음이 차는 이기적인 마음을 조금이나마 삭이고, 자연의 것은 자연으로 되돌려주며, 무엇이든 있을 자리에 있어야 그 빛이 더해진다는 것도 조금이나마 깨닫지 않을까 싶다. 어쨌든 시원한 바람 한번 더 쏘이는 것만으로도 아주 좋을 것이다.

우리 식구는 돌보다 더 못하다

금호강에 돌을 갖다 놓으러 갔다. 그 돌이 어디쯤 있었는지 알 수가 없었다. 그래서 대충 물 근처에 갖다 놓았다.

나는 금호강 가에 앉았다. 그 돌은 이제 식구들을 만나서 참 좋을 것이다. 우리 식구들은 뿔뿔이 흩어져 살고 있다. 정말 우리 식구는 그 돌보다 더 못하다. 우리 엄마를 데려간 사회는 왜 우리 엄마를 돌려주지 않을까? 내가 돌을 되돌려준 것처럼 돌려주면 얼마나 좋을까. 돌, 돌, 치이 우리 식구도 돌처럼 다시 만나 살 수 있어. 포기하지 않을 거야.

동생이 "누나야, 추워 죽겠다. 가자." 하였다. 나는 '아차' 하며 동생에게로 갔다. 우리는 어깨동무를 하며 집으로 왔다.

동생은 "누나야, 뭐 했노?" 하였다. 나는 "안 가르쳐 주지." 하며 도망을 왔다.

(경산 부림 초등학교 6학년 한진숙 1991. 11. 17.)

온 세상 사람들이 보는 게 낫잖아

오늘은 재미있는 숙제로 돌 갖다 놓기를 하였다. 그때 주웠던 돌 세 개를 가지고 갔다. 그런데 어느 쪽에 그 돌이 놓여 있었는지 몰랐다. 전번에 주웠는 쪽을 머릿속에 생각해 보아도 잘 떠오르지를 않았다. 그래서 주웠던 그 주위에 하나씩 놓았다. 내가 주운 돌을 그곳에 놔두고 오려니까 아깝기도 하였다. 그래도 할 수 없었다.

'그래, 내가 이 돌을 가지고 있으면 다른 사람들이 보지 못하잖아. 나 혼자 보는 것보다는 온 세상 사람들이 보는 게 낫잖아.' 하는 생각이 들었다.

동생이 물었다.

"언니야, 그거 와 거기 놔두노?"

"돌 같은 거 주워 가지고 자기가 가지고 가면 다른 사람이 못 보잖아. 다 보는 게 낫잖아."

하니까 동생도 알아들었던 것 같았다. 그래서 두나(두 개) 더 남았는 것을 놔두러 계속 올라갔다. 큰 돌 옆에 내가 주운 돌을 놔두었다. 그리고 또 올라갔다. 한참 올라가다가 그쪽에 돌을 놔두었다. 그리고 일어서서 내가 온 쪽을 보니까 돌을 주울 때처럼 많이 왔다.

허리를 뒤로 한 번 젖혀서 다시 펴고 집으로 왔다. 햇빛을 받아서 빤짝거리는 돌도 있었다. 돌이 참 예뻐 보였다. 동생이 "언니야, 저쪽에 봐라. 돌이 햇빛을 받아가 빤짝거린다." 하며 신기해했다. 왠지 기분이 무척이나 좋았다.

동생도 이제는 돌을 주우면 자기가 가지지 않을 것이다. 나도 이런 자연의 돌을 내가 가지지 않을 것이다.

(경산 부림 초등학교 6학년 최현숙 1991. 11. 17.)

땀 흘려 일하기

사람들은 대부분 어떻게 하면 편안하게 살까 생각한다. 어떻게 하면 일을 안 하고 살까 생각한다. 그러나 일을 하지 않고는 살 수가 없다. 일 안 하고도 정도에 넘치도록 잘사는 사람은 사기꾼임에 틀림없다. 열심히 일하는 사람 등을 쳐 자기 살이나 찌우는 그런 사람은 강도와 다를 바 없다. 일하지 않는 사람은 '참'과 '사랑'도 말할 수 없다. 만약 말한다면 그건 모두 거짓이다. 그러니까 '땀'은 '참'과 '사랑'의 밑바탕이 되는 것이다.

아이들에게 땀 흘리며 일하는 즐거움과 보람과 소중함을 일깨울 수 있도록 일하기 숙제를 내어 보자. 그저 부모님 일을 거드는 정도가 아니라 힘든 일을 주체적으로 할 수 있도록 하자. 그래서 일을 다 하고 난 끝에 느끼는 말할 수 없는 기쁨이 나에게 돌아오는 진정한 삶의 열매라는 것을 느끼도록 하자.

설거지

집에서 놀다가 저녁을 먹고 보니 재미있는 숙제가 생각났다. 내가 엄마한테 "엄마, 오늘 설거지 내가 한데이." 하니까 "해 보람 뭐." 하셨다. 그래 놓고도 엄마가 설거지를 할려고 해서 "엄마, 내가 한다카이." 하고 엄마가 끼고 있는 고무장갑을 내가 끼었다. 엄마는 웃으면서 방으로 들어가셨다.

막상 할려니까 짜증이 났다. 왜냐하면 내 키가 작아 고무장갑을 타고 물이 내려오기 때문이다. 그래서 식탁에 있는 의자를 갖다 놓고 그 위에 올라가서 하니 편했다. 그릇을 물에다 넣어 두었다가 퐁퐁을 조금 넣었다. 그런데도 거품이 잘 났다.

'합성세제는 조금만 써야 하니까 조금만 쓰자.'

퐁퐁을 그릇에다 묻혀서 씻고 물에 헹구는데 전번에 텔레비전에 '아하 그렇군요'에서 본 방식대로 했다. 맨 처음에 수저부터 씻고 그다음에 접시, 마지막으로 쇠그릇을 씻었다. 마음속으로 '이 방식이 아닌 것 같기도 한데?' 하며 중얼거렸다. 헹굼질을 다 하니 허리가 아팠다. 내가 처음 하는데도 이런데 매일 하는 엄마는 매일 이만큼씩 몇 번이나 하니 얼마나 아프겠노.

엄마가 나오시지 "다 했나?" 하셨다. "예." 하니 엄마가 웃으셨다. 몹시 기분이 좋았다. 내가 날마다 한다 해도 엄마는 하지 마라고 하셨다.

"하면 왜 안 되노?"

"허리 아프잖아."

"그라면 엄마는 와 계속 하노."

"나는 이때까지 해 왔으니까 하고 또 내 할 일이니까 하지."

나는 엄마한테 미안했다. 밥 먹어라 해도 제때에 안 먹고 나중에 먹어서 설거지하는 데 귀찮게 해 왔기 때문이다. 나는 앞으로도 일을 많이 거들어야 되겠다고 생각했다.

(경산 부림 초등학교 6학년 이제한 1991. 9. 14.)

엄마, 내가 하께

오늘 선생님께서 재미있는 숙제로 집안일 돕기를 내주셨다. 그래서 점심을 먹자마자 큰방, 작은방, 큰마루, 작은마루를 청소하고 뜨락도 쓸었다. 그런데 벌써 기운이 없고 허리가 아팠다.

"아이야 허리야, 비가 올려나 와 이렇게 허리가 아프지."

하니 엄마는 "가시나, 조그마한 게 뭐 허리 아프다고 그카노." 하셨다. 그리고 다시 "순아야, 밭에 물 좀 조라. 아빠가 갈 때 엄마한테 시키고 갔는데 엄마 한쪽 눈이 안 보여 잘 못하겠다. 순아, 좀 해 도." 하셨다.

나는 엄마의 말을 거절하지 않고 호스를 수도꼭지에 꽂고 물을 틀어 배추밭에 푹 주었다. 또 설거지 좀 하라고 해서 다 하였다. 그리고 엄마가 시키기 전에 밥도 해 놓았다.

다섯 시쯤에 엄마가 마당에서 풀 뽑는다고 호미를 들고 마당에 앉았다. 그래서 "엄마, 들어가라. 눈도 한쪽 안 보이고 좀 어두운데 뭘 한다고 그카노. 방에 들어가 좀 누워라. 내가 하께." 하였다. 그러니 엄마는 호미를 놓고 눈 한쪽을 손으로 가리며 방에 들어가셨다.

난 마당의 풀을 반지쯤 뽑고 방 청소를 한 번 더 하였다. 그러고 나니 언니가 왔다. 언니와 같이 된장국도 끓이고 나물도 무치고 하니 엄마가 너무 좋아하셨다. 엄마가 좋아하시는 걸 보니 좀 힘들었지만 내 기분도 말할 수 없이 좋았다.

그리고 보면 내가 한 일은 엄마가 매일 하는 일에 비하면 아무것도 아니다.

(경산 부림 초등학교 6학년 장정순 1991. 9. 14.)

삼십 분 관찰

과학의 탐구는 자연을 관찰하는 것으로 시작해서 관찰로 끝난다고 할 만큼 관찰이 중요하다. 자연에서 문제를 발견하고, 그 문제 해결에 필요한 정보를 수집하여 처리함으로써 원리와 법칙을 발견하게 되는 일련의 탐구 과정이 관찰에서 비롯되고 관찰 활동에서 얻은 정보로 이루어지기 때문이다. 또, 관찰은 관찰로 그치는 것이 아니라 기록함으로써 생각이 정리되며 그것이 바탕이 되어 다음 생각이 활성화될 수 있다. 과학에서 기록이 중요한 것은 바로 이 때문이다. 관찰 기록 지도를 꾸준히 하기 힘들 경우에는 가끔이라도 아이들 스스로라도 할 수 있도록 흥미와 관심을 불러일으켜야 한다.

관찰 대상은 우리 주변에 있는 모든 것이 되겠으나 우선 우리 가까이에 있는 동식물부터 하는 것이 좋겠다. 기록 방법도 여러 가지가 있겠으나 여기서는 그림을 그리고, 보이는 사실만 번호를 붙여 관찰 기록한 예와, 작문식으로 관찰 기록한 예를 들어 본다. 이 기회에 관찰 기록 지도에 관한 여러 가지 공부도 좀 더 깊이 해 두자.

번호를 붙여 관찰기록한 예

서기 198 9 년 5 월 22 일 월 요일						
기상 관계	날씨 맑음	기온 28 ℃	태 풍	풍 향	폭 우 mm	폭 설 mm
관찰 대상	쥐며느리					
관찰 장소	집 (방안)		관찰 시간	5시 50분 11초		
관찰 내용	모양, 크기, 색깔등		관찰 방법	눈, 손등		

관찰 발견 변화 된 그림 과 글

① 다리가 7쌍(14개) 있다.
② 툭 건드리면 공모양으로 변한다.
③ 길이는 9mm정도 된다.
④ 꼬리 제일 끝에 하나의 뾰족한 털 같은 것이 나와 있다.
⑤ 등위 뜰무늬 끝에 세모로 된 것이 있다.
⑥ 배 부분의 꼬리쯤에
⑦ 이런 모양의 이상한 것이 그려져 있고 그것은 흰색이다.
⑧ 배의 색은 회색이다.
⑪ 꼬리 제일 끝의 뒤편 다리 같은 것이 제일 길다.
⑫ 오른쪽 더듬이가 더 길다.
⑬ 다리색도 회색 비슷 하고 한 다리의 길이는 2mm 쯤 된다.
⑰ 등마디의 색은 흰색이다.
⑧ 등의 색은 고동색이다.

마디 끝이 앞면 곧지 않고 뒷쪽으로 쳐져 있다.

새로 알게 된 점
⑭ 눈의 모양은 이런모양이다. ⑮ 더듬이 색은 다리색 보다 더 끝은 회색이다 ⑯ 움직일때마다 한쪽 더듬이를 움직인다. ⑰ 배에도 마디가 그려져 있다.

<새로 알게 된점> 사람이 만질때마다 몸을 움츠려 공같이 만드는데, 꼬리 제일 끝에 달린 것은 없이 한 살아 있다는 것

나의 의문점과 의견
쥐며느리는 다리가 왜 그렇게 많은 것일까? 왜 습기가 찬 돌밑이나 거름 속에 살까?

바른마음 · 바른 습관 · 바른 글씨

(경산 부림 초등학교 5학년 박지애)

72

작문식으로 관찰 기록한 예

방동사니

이 풀은 우리 앞 도랑가에 있었다. 잎은 날카롭고, 길게 생겼고, 끝이 뾰족하다. 뿌리는 많이는 없었지만 수염같이 붙어 있는데, 흰색도 있고, 불그레한 색도 있었다. 씨앗 같은 것이 쪼록쪼록 붙어 있는데 잎과 줄기보다는 거의 연두색에 가깝다. 그래 이름이 뭔가 싶었는데, 농약 선전하는 책에 보니까 '방동사니'였다. 그런데 책에는 논에 나 있었다. 아까 전에 내가 방동사니 뽑은 곳도 바로 물가였으니까 이 식물은 물이 많은 곳에 잘 자라지 싶다.

(경산 부림 초등학교 4학년 김령희 글. 그림. 1990. 9. 24.)

개 관찰

우리 개는 이제 겨우 한 살 정도이지만 집 지키는 데는 아주 뛰어나다. 나는 우리 개 꼭지를 삼십 분 동안 관찰하기로 했다. 꼭지는 나를 보더니 혀를 내밀고 코를 벌름거리며 꼬리를 막 흔들었다. 아마도 나를 몹시 반기는 것이겠지.

그때 마침 엄마가 꼭지 밥을 가지고 왔다. 나는 "엄마, 내가 밥 주께." 하며 꼭지 밥그릇에다 밥을 부어 주었다. 그러니까 꼭지는 내가 있는지 없는지도 모른 채 막 먹기 시작했다. 나는 "저것도 짐승은 짐승인가 보다. 조금 전까지만 해도 내 좋다고 해 놓고……." 하며 좀 비웃었다. 그런데 밥 먹다가도 다른 사람 소리가 나니까 밖을 보며 막 짖었다. 개는 게으른 인간과는 달리 자기 할 일은 밥 먹으면서까지 했다.

밥을 먹을 때 꼬리 모양을 보았다. 난 이때까지 늘어뜨리고 먹는 줄 알았는데 세워서 먹었다. 혀의 모양은 위로 구부려서 먹는 것이 아니라 아래로 구부려서 먹었다. 몸 전체는 앞으로 약간 숙이고, 앞다리는 구부리고 뒷다리는 쫙 폈다.

또 내가 꼭지 주위를 속도를 빠르게 했다 느리게 했다 하며 돌아다니니까 꼭지도 속도를 빠르게 했다 느리게 했다 하며 따라다녔다. 이때 발견한 점인데 꼭지가 제자리에 설 때는 몸을 뒤로 약긴 젖히고 앞다리는 굽히며 몸 쪽으로 바짝 붙였다. 그렇지만 뒷다리는 좀 넓게 벌리고 버티어 힘을 주어서 파르르 떨었다. 귀는 쫑긋하게 세모 모양을 만들었다.

발톱은 앞발 뒷발 모두 세 개인데 딱딱하고 뾰족하며 약간 삼각형 모양이지만 옆은 타원형이다. 또 구부러져 있다. 발톱을 유심히 관찰하게 된 까닭은 꼭지가 가끔 땅을 파기 때문이다. 그것은 모두 이 발톱으로 판 것이다. 자기 집을 쥐처럼 갉아서(쥐는 이로 갉지만) 무너졌다. 엄마는 그것을 보고 맨날 "꼭지 저거 한 봐라. 건숙이하고 동혁이 닮아 간다." 하고 말한다.

꼭지는 또 똥을 다 쳐 놓으면 꼭 그 자리에서 다시 똥을 눈다. 참 이상하다 생각하겠지만 짐승도 사람처럼 똥 누는 곳이 정해져 있다는 것이다.

나는 꼭지의 몰랐던 점을 새로 알게 되었다.

(경산 부림 초등학교 6학년 이동혁 1991. 11. 20.)

초파리의 관찰

"딩동." 벨이 울렸다. 아버지께서 오시자 나는 인사를 하고 재빨리 아버지께서 들고 계신 비닐봉지를 가로챘다. 그 안에는 내가 좋아하는 포도가 들어 있었다. 정말 맛있었다.

그런데 이게 웬일인지 초파리가 대여섯 마리쯤 포도껍질 주위를 날고 있었다. 나는 포도껍질을 병속에 넣고 초파리가 병속에 들어오자 재빨리 뚜껑을 닫았다. 그리고 몇 가지 실험을 해 보기로 하였다.

첫 번째 실험은 병 두 개를 포개어 한쪽에는 먹이를 넣고, 한쪽에는 아무것도 넣지 않았다. 그랬더니 초파리는 먹이가 밑에 있어도 계속 위로 가서 활동했다.

두 번째 실험은 병 한 개에 초파리를 넣고 한쪽은 어둡게 하고 한쪽은 전등으로 비춰 초파리의 움직임을 관찰했다. 초파리는 밝은 쪽으로 이동하여 활발하게 활동했다.

세 번째 실험은 초파리가 들어 있는 병을 처음에는 얼음 속에 넣고 그다음엔 더운 물속에 넣어 온도가 변하면 어떻게 활동하는지 알아보았다.

결과

섭씨 8도 : 날던 것이 날지 않는다.

섭씨 5도 : 죽어 버린 것도 있다.

섭씨 25도 : 보통 때처럼 움직이고 있다.

섭씨 28도 : 보통

섭씨 31도 : 죽은 것처럼 움직이지 않는다.

나는 이 세 관찰로 알게 된 것이 있는데 첫 번째는 높은 곳에 오르기를 좋아한다는 것이고, 두 번째는 밝은 곳을 좋아한다는 것이다. 그리고 세 번째는 섭씨 25~28도 사이에서 가장 활발하게 활동한다는 것이다.

(달성 북동 초등학교 6학년 노원희)

산이나 들판에서
소리 지르기

살다 보면 걱정스럽고 답답한 일들이 매우 많다. 욕지거리라도 하면서 누구에겐가 속 시원하게 털어놓기라도 한다면 좀 덜하겠지만 그럴 수도 없어 마음속 깊이 꾹꾹 눌러놓고 살아간다. 어른들은 술이라도 한잔하면서 걱정스런 일들을 잊기라도 할 테지만 아이들은 그렇지 못하다.

아이들이 무슨 걱정이 있겠나 싶지만 그게 아니다. 어른 걱정이 바로 아이들 걱정이 되는데 아이들은 어른들보다 그 불안감이 몇 곱절 더 하다. 거기다가 아이들만이 가지고 있는 걱정, 공부와 시험에 대한 압박감, 어른들 억압은 또 어떤가. '해라' 소리는 '공부해라' 소리밖에 없고 대부분 '하지 마라' 소리다.

반 아이들 가운데 별 까닭 없이 머리가 자꾸 아프다거나 배가 아프다거나 신경질적인 말이나 행동을 하는 아이가 있다면—그밖에 여러 증세가 있겠지만—흔히 말하는 '스트레스'가 심한 증세라고 믿어도 될 것이다.

이렇게 겉으로 드러나는 경우는 드물지만 많은 아이들이 그런 증세를 속으로 가지고 있다. 그런데도 대부분 아이들이 마음을 잘 풀어 가는 것은 신나는 놀이가 있기 때문이다. 그래도 가끔은 어른들이 억눌리고 맺힌 마음을 풀도록 해 주어야 한다. 그 방법 가운데 한 가지로 사람이 드문 산이나 들판에 가서 자기가 가장 하고 싶은 말 세 가지를 마음껏 큰 소리로 하는 것이다.

진정한 친구를 사귀고 싶다

우리 선생님께선 다른 선생님과는 달리 몇 주에 한 번은 재미있는 숙제를 내어 주신다. 요번이 벌써 다섯 번째다. 오늘의 주제는 하고 싶은 말 세 가지를 들판에 나가 큰 소리로 하는 것이다. 어느 재미있는 숙제보다 재미있었다.

아침에 나갔다. 화창한 봄날 바람이 조금 불었다. 벌써 마음부터 시원해지는 것 같았다. 가까운 들판으로 나갔다. 하늘을 보니 햇살이 눈부시게 빛나고 있었다. 말할 걸 준비하고 소리 질렀다.

"야아!"

"진정한 친구 사귀고 싶다!"

"나대로 무언가를 해 보고 싶다!"

떠나가도록 소리를 질렀다. 세 가지 모두에 뜻이 있다.

첫째는 학교, 학원 갔다 오면 6시 30분으로 항상 시간에 쫓겼다. 그래서 내 마음이 홀가분해질 수 있도록 하기 위해서였다.

두 번째는 유치원 때부터 우리 학교에 다녔다. 6년 반 동안 진정한 친구가 없다. 어떤 때는 따돌림을 받았다는 느낌이 들기도 한다. 자기의 고민 같은 걸 진심으로 친구와 이야기하려고 털어놓는 그런 친구가 없어 섭섭하다.

세 번째, 학교에서나 어디에서나 선생님께서 시키는 대로 로봇처럼 따랐다. 시간이 점차 지남에 따라 내가 무슨 행동을 하고 있는지 궁금할 때가 많다. 한 가지 목표를 세워 끝까지 할 수 있는 그런 정신으로 무엇을 하고 싶다.

짧은 시간에 세 가지 하고 싶은 말을 했지만 하나하나에 뜻이 다 있었다. 넓고 푸른 들과 햇살이 내 마음을 뚫어 보는 것 같았다. 가끔 이렇게 하고 싶은 말을 하는 것도 마음을 풀기엔 괜찮은 방법이라 생각했다.

끝으로 더 큰 소리로 "야아!" 하고 질렀다. 어느 때보다도 마음이 홀가분했다.

(경산 부림 초등학교 6학년 허미경 1991. 5. 12.)

공부 못했다고 너무 꾸중하지 마세요!

오후에 하고 싶은 말 세 가지 외치는 숙제를 하려고 들에 나갔다. 처음에는 마을에서 가까운 들에 나갔는데 사람들도 많고 너무 더웠다. 그래서 산 밑에 있고, 마을에서 좀 많이 떨어진 곳에 달려갔다. 그 들에는 바람이 불어와서 시원했다.

거기서 난 첫 번째로 무엇을 할지 생각하다가 "부모님, 공부 못했다고 너무 꾸중하지 마세요!" 하였다. 이것을 말하니 이상하게 두 가지 말이 잘 생각나지 않았다. 그래서 고민을 하다가 내가 그렇게 하고 싶은 말은 아니지만 "내 몸이 더 컸으면 좋겠다!" 하고 큰 소리로 말하였다.

숨을 크게 몇 번 쉬고 나서 "우리 집이 부자였으면 좋겠다." 하고 세 번째 말을 하였다. 또 "히히히." 웃으면서 장난삼아 텔레비전 선전에 나오는 말같이 "나는 자연이다!" 하며 소리쳤다.

이렇게 말을 다 하고 숨을 몇 번 쉬었다. 그리고 시원한 마음으로 집에 왔다. 이렇게 말을 하니 마음이 참 시원하고 가벼웠다. 사실 집에서는 이런 말을 하고 싶어도 못 했기 때문이다. 난 이번같이 일주일에 한 번은 이런 일을 하겠다. (경산 부림 초등학교 6학년 이유찬 1991. 5. 12.)

우리 집 둘레 청소하기

　요즘 아이들은 자기 잠자리도 정리하기 싫어한다. 그래서 아침에 일어나서 형제간, 남매간에 서로 미루다 어머니한테 꾸중도 더러 듣는다. 아이들이 저절로 게을러진 것이 아니고 어릴 때부터 그런 교육을 받지 못했기 때문이다. 더러 아이가 하고 싶어서 무슨 일을 하겠다고 해도 서툴다고 어른들이 아예 못 하도록 한다. 그러니 그것이 습관이 되어서 아예 할 생각을 안 하게 된다. 더 지나면 무얼 조금 시켜도 짜증을 내고 하지 않으려고 한다. 아이들이 좀 서툴고 못하더라도 방법을 가르쳐 주고 힘을 돋우어 주면 즐겁게 습관처럼 자연스럽게 무슨 일이든지 하게 된다.

　노는 습관이 붙은 아이들에게 집 둘레 청소를 시킨다면 그렇게 반가워하지는 않을 것이다. 어떤 일이든지 하기 싫어하는 습관이 하루 이틀에 형성된 것이 아니므로 하루아침에 고칠 수는 없다. 그러나 숙제를 내어 보자. 더러운 것을 깨끗하게 청소한 뒤 그 기분을 맛보게 하자. 식구들 모두 일주일에 한 번쯤이라도 집 둘레 청소를 한다면 더욱 좋겠다.

히히, 동생 몰래 주워야지

선생님께서 재미있는 숙제를 내주셨다. 그런데 요즘 들어 재미있는 숙제가 하기 싫다. 왜냐하면 엄마가 공부 안 하고 게으름이나 피우고, 엉뚱한 짓이나 한다고 꾸중하시기 때문이다. 하지만 내가 존경하는 위대한 이호철 선생님의 말씀을 거절할 순 없다. 이 중요한 공부를 안 할 수는 없다.

우리 집 앞마당에 나갔다. 동생도 내 일을 거든다며 같이 나갔다.

"언니야, 쓰레기 좀 봐라. 쓰레기 줍고 엄마한테 보여 드리자."

"왜 보여 주니? 그냥 휴지통에 넣으면 되지."

"보여 주면 칭찬해 줄 거 아이가."

"우리 선생님이 엄마한테 칭찬이나 받으라고 숙제 내주신 줄 아나. 다 이유가 있다."

"치이."

우리 집 앞에는 쓰레기가 그렇게 많지는 않았지만 과자 봉지, 비닐 등이 막 돌아다녔다. 조그만 쓰레기는 동생한테 시키서 주우라고 했다.

'아니 이러면 안 되지. 나 혼자만 주워야지.'

"야, 은옥자, 이백 원 줄 테니까 가만히 있어."

"우와, 언니가 웬일이야."

'내가 그렇게 욕심꾸러기였나?'

동생은 좋아서 가게에 갔다.

오늘은 날씨가 흐렸지만 쓰레기를 줍고, 쓸고 나니 몹시 더웠다. 아이스크림을 먹고 버릇이 되어서 또 버리고 말았다.

"어머, 내가 왜 이러지. 히히, 동생 몰래 주워야지."

우리 집 골목이 깨끗했다. 기분도 몹시 좋았다.

(경산 중앙 초등학교 6학년 은정 1993. 5. 16.)

사람 똥을 손으로 만져 보아야 사람이 되지

알림장 적는 시간이다. 선생님이 재미 숙제를 내어 주실 때 나는 '언제 어떻게 할까?' 이런 생각을 한다. 오늘의 숙제는 '집 둘레 청소하기'로 내어 주셨다. "그냥 쓰레기만 줍는 게 아니라 대청소처럼 쓸고 해야 한다." 이러셨다.

'언제 하지? 내일은 성당 소풍을 가는데 오늘 성당 갔다 와서 해 버릴까? 청소는 언제나 하면 깨끗해 보이지만 너무 힘들 것 같네. 선생님께서 시간을 넉넉히 잡아 하라고 내주신 거니까 오늘 해야 되겠다.'

동생과 성당에서 돌아와 집에 들어가려고 하니 개가 문 앞 길에서 이리저리 다니고 있었다. 집에 들어가기 위해 문을 열려고 하니 똥이 보였다. 똥이 꼭 개똥 같았다. 아마도 아까 전의 개가 누고 그냥 간 것 같았다. '에이 청소하지 말까? 누가 치워 주겠지 뭐.' 그것을 보니 청소할 마음이 싹 가셨다. 선생님 말씀이 떠올랐다.

"사람 똥을 손으로 만져 보아야 사람이 되지."

나는 집에 있는 긴 호스줄을 가지고 밖으로 나갔다. 쓰레기통 옆에 있는 빗자루로 먼저 쓸고 물을 뿌리기로 생각하고, 먼저 개똥부터 치우기로 결심했다. 개똥이 있는 곳으로 갔다. 가까이 갈수록 인상이 찌그러졌다. 얇고 16절지만 한 나무판자에 개똥을 조심해서 얹어 놓고 내 몸에 대이지 않게 멀리하여 쓰레기통에 나무판자와 같이 휙 내던지고 빗자루로 쓸기 시작하였다. 먼지가 너무나도 많아서 지금도 코가 따갑고 목에 뭐가 있는 것 같다. 그때 이쪽으로 오는 발자국 소리가 났다.

'이거 어떻게 하지? 숨어 버릴까? 아니야, 난 당당한 일을 하고 있는 걸. 숨을 필요 없이 아는 사람이면 인사드려야지.'

보니 우리 집 건물에 같이 사는 언니가 따라온 친구들과 인사를 하고, 언니는 나에게 아무 말도 안 하고 그냥 지나쳐 집으로 갈려고 하는 것 같았다. 그래서 내가 "언니, 좀 있다 우리 집에 올래?" 하고 물었다. "알겠어. 그럼 안녕." 이렇게 말하고는 그냥 올라갔다. 언니는 내가 청소하는 것을 보았는데 그냥 지나치며 "잘 하네." 하는 말도 해 주지 않았다. 또 도와줄려고 생각도 않았는지 아예 내려오지도 않았다.

어느덧 청소를 한다고 허리를 굽힌 지 30분이 되었다. 이곳저곳 구석구석 하니 쓰레기와 먼지가 아주 많이 있었다. 한꺼번에 하려니 너무나 힘들었다. 진작에 청소를 해야 하는데……. 40분 정도가 되어서 청소를 다 마칠 수가 있었다. 그때 어머니께서 가게 일을 마치고 오시는 거였다. 주위가 물로 적셔져 있고 내가 호스줄을 거두는 것을 보시자 "혜선이 이제 다 컸네. 웬일로 청소를 깨끗이 다하고." 이리시며 등을 쳐 주셨다.

내가 허리를 쫙 펴니 허리가 너무나도 아팠다. 청소도 공부인데 언니는 그런 것도 하기 싫어하니 나보다도 못한 것 같다.

다음에는 가족끼리 대청소를 하였으면 좋겠다.

(경산 중앙 초등학교 6학년 태혜선 1993. 5. 15.)

과소비에 관한 가족 토론

초등학교 학생도 안 되어 보이는 남자 꼬마 한 명이 백만 원짜리 수표 한 장을 가지고 가 사십 몇만 원짜리 장난감을 샀다. 그래서 백화점에서 일하는 사람이 그 아이 집에 전화를 해 보았다.

그러니 그 꼬마 아이의 엄마가 하는 말이 더 기가 찼다.

"그걸 갖고 뭘 그러세요. 우리 애가 바보인 줄 아세요?"

"그럼 거스름돈은?"

"우리 아이에게 주지 어떡하란 말인가요. 백만 원짜리 수표 한 장 가
지고 뭘 그래요. 돈만 받고 장사나 해요!"

이러며 전화를 끊는 것이었다.

그 일은 정말 실제로 있었던 일이라고 한다. 그 장면을 보니 웃음도 나오지 않았다. 그 화면이 다 지나가고 나자 또 다른 화면이 나를 어지럽게 하는 것이다. 스타킹이 13만 원, 손수건 한 장이 3~4만 원, 모피 코트 1억 등 가지각색이었다. 눈동자가 활가닥 돌아갈 정도였다.

이 글은 89년 10월 29일에 우리 꽃교실 아이가 텔레비전을 보고 쓴 글의 일부인데 이제는 이보다 더한 일들이 아주 흔하다. 과소비 망국론이 벌써부터 나왔지만 날로 더해 가는 부유층 과소비 속에 허리띠를 졸라매면서까지 열심히 일하던 많은 서민들까지도 조금씩 조금씩 말려들어 가 얼마 안 가서 정말 돌이킬 수 없는 상태에 빠져들 것 같아 걱정이 된다. 정말 정신 차려야 할 때다. 얼마 전에 교육부에서 펴낸 《몽당연필로 공부하던 때를 잊지 맙시다》라는 조그만 책을 학교에서 복사해 전교생에게 나누어 주었다. 그냥 읽고만 버릴 것이 아니라 좀 더 생각해 보는 시간을 갖도록 하려고 과소비에 관해 가족 토론을 하도록 했다. 만족할 만한 결과는 나오지 않았지만 아껴 써야겠다는 반성의 기회는 되었던 것 같다.

과소비에 관한 것이 아니더라도 가족 토론거리가 될 만하면 숙제로 내어 봄 직하다. 할 수 있다면 한 주에 한 번 정도 가족 토론 시간을 갖도록 지도하면 더욱 좋겠다.

양말도 빵꾸 났다고 내버리지 말고

학교에 갔다 와서 알림장을 보았다. '과소비 토론 쪽.'이라고 적혀 있었다. 그래서 나는 식구들이 들어오기만을 기다렸다. 그동안 다른 공부를 조금 하고 있었다.

이제 저녁이 되었다. 형과 누나가 들어왔다. 그런데 엄마와 아버지께서는 9시 10분이 되어도 들어오시지 않았다.

'왜 이래 안 들어오노. 이렇게 가다가 과소비 토론 못 하는 것 아닌가 모르겠네.'

그때 엄마와 아버지께서 오셨다. 나는 식구들을 모아 빙 둘러앉게 하고 과소비에 관한 책을 읽어 주었다. 그것을 다 읽고 이제 토론에 들어갔다.

"이제부터 아껴야 할 것에 대해 토론합시다."

먼저 아버지께서 "우리 식구들은 돈의 가치를 모르는데 가치를 알고 아껴 써야겠습니다." 하고 말씀하셨다.

"나는 용돈을 아껴 쓰지 않고 아무렇게나 쓰는데 이제부터 아껴 쓰겠습니다." 하니까 형이 "양말도 빵꾸 났다고 내버리지 말고 기워서 신도록 합시다." 하고 말하였다. 엄마가 형의 말을 들으시고는 "맞습니다. 진짜 빵꾸 났다고 신지 않는 것 같습니다." 하셨다.

우리 식구들은 점점 열기를 더해 갔다.

"휴지를 아껴 써야 합니다."

"옷이 조금이라도 떨어지면 안 입는데 기워서 입어야겠습니다."

"물도 아껴야 합니다."

"전기도 아껴야겠습니다. 전기를 절약해야지 다른 것도 아껴 쓴다고 생각합니다."

의견이 막 나왔다. 그런데 2분이 지났는데도 의견이 안 나와서 내가 "이야기한 것은 잘 지키고, 밥 먹고 합시다." 하니 식구 모두가 웃었다.

우리 식구들은 둘러앉아 밥을 먹었다.

(경산 부림 초등학교 6학년 서현철 1991. 11. 20)

나는 메이커 있는 거 싫더나

교육부에서 내보낸 책인 것 같은데 '몽당연필로 공부하던 때를 잊지

맙시다'라는 책을 토요일날 나누어 주었다. 그래서 요즈음 어떻게 되어
가고 있는지 가족 토론을 한번 해 보았다.

밥을 잡수시는 아빠께 "아빠, 내가 준 책 읽으시니까 느낌이 어떻든
데요?" 하니 "이 책 그대로 하면 우리나라는 부강한 나라 될 수 있지.
이 책 참 좋다." 고개를 끄덕이시면서 말씀하셨다.

또 언니에게 물었다.

"언니야, 언니야. 니는 메이커 있는 옷 입고 있는 남들이 부럽제."

"메이커 옷 싫어하는 사람이 어디 있노, 다 좋아하지. 난 이랜드하고
에드윈 옷 살 거다."

하는 것이다. 언니가 한심스러웠다. 난 책에 있는 한 내용을 읽어 주었다.

"남들이 사치스러운 옷, 신발, 학용품을 사 주니까 우리 아이도 하고
덩달아 사 주지는 않는지요. 물건의 소중함은 뒷전이 아닌지요?"

언니는 "니는 메이커 있는 거 싫더나." 하며 오히려 나를 나무라는
투였다.

할머니한테 의문점 하나를 택해야 되는데 어려웠다. 몽당연필로 정
했다. "할매, 할매 어렸을 때 몽당연필로 공부하셨어요?" 하고 말하니
할머니는 "우리 공부할 때는 손가락 마디만 한 연필로 끈티(끄트머리)
쥐고 썼다." 하고 실명하셨다.

"할매, 그런데 요즈음 막 버리는 거 어떻게 생각하시는데요?"

"반지만(반만) 쓰고 버리는 거 나쁘지." 하셨다.

"할아버지, 옛날에는요 뭐 잡수셨는데요?"

"죽 먹었지."

"요즈음 음식 막 버리는데 어떻게 생각하시는데요?"

"옛날에는 밥하고 음식 안 버렸다."

할아버지가 대답하셔야 되는데 할머니가 대답해 주셨다.

정임이에게도 물어보았다.

"정임아, 니 생일잔치 크게 하고 싶제."

"응, 왜?"

정임이도 돈만 있으면 퍽퍽 쓸 아이다.

"광모야, 니 로봇 갖고 싶고 맛있는 것 먹고 싶제."

"응."

또 정란이에게도 물어보니 "응."이라고 대답했다.

엄마한테 물어보아도 대답도 하지 않았다.

각자의 마음을 알 수 있었다. 사람 모두가 돈만 있으면 과소비할 것 같다. 정말 과소비를 하지 말고 옛날 자리로 돌아갔으면 좋겠다.

난 헌 물건을 마음대로 쓰고 필요하지 않는데도 산다. 군것질을 하루에 500원 이상 하니 문제다. 학용품은 잃어버리면 찾지 않는다. 끝까지 일을 하지 않는다. 과소비에 빠져 있는 것 같다. 정신을 차려야 할 때이다.

우리는 그 책을 읽고 마쳤다.

(경산 부림 초등학교 6학년 양정실 1991. 10. 29.)

우리 집 쓰레기 조사

우리 집이 있는 아파트 쓰레기통에도 시계, 소파, 책상, 책장, 냉장고, 세탁기, 선풍기 따위 아직 쓸 만한 물건들이 참 많이 버려진다. 이 쓰레기통에서 책장을 하나 주워 왔는데 아주 편리하게 쓰고 있고, 며칠 전에는 탁상시계도 하나 주워 놓았다. 시계야 우리 집에도 여러 개 있지만 너무나 아까운 생각이 들어 우리 교실에라도 갖다 놓으려고 주워 온 것이다. 또 나는 글 쓸 때 원고지에 옮겨 적기 전에는 모두 신문지에 끼여 오는 광고지 뒷면에 쓴다.

정말 아까운 것들이 마구 버려진다. 몇 년 진만 해도 지금처럼 마구 버려지는 않았다. 고물 장사가 집집마다 다니며 얼마의 돈이라도 주고 사 갔고, 버려도 고물 장사가 모두 주워 갔다. 그런데 요즘에는 버릴 때도 돈 주고 버려야 한다. 참으로 풍족한 세상이 된 것 같다. 하지만 정말 그렇게 버려도 되는 걸까? 둘레에 끼니 걱정을 하는 사람이 있을 테고, 아프리카 어느 나라에서는 사람들이 굶

주림으로 죽어 가고 있는데 말이다. 그것까지 생각하지 않더라도 쓸 만한 물건을 함부로 버린다는 건 정말 죄받을 일이다. 자연을 보호하자고 천날만날 떠들어 보았자 이것부터 고치지 않으면 헛일이다. 다시 쓸 수 없는 쓰레기가 쌓여 이 땅을 오염시키는데, 무조건 쓰레기통에만 버리면 끝나는 걸로 생각해서는 안 된다. 쓰레기가 적게 나오도록 애를 써야겠다.

우리 집에서는 어떤 쓰레기가 얼마만큼 나오는지, 그 쓰레기가 모이면 얼마만큼 되겠는지 아이들이 직접 느끼도록 해야 한다. 환경오염에 대한 이야기는 하루에도 수없이 듣는 것이니까 의식은 어지간히 박혀 있다. 그러나 그것이 문제다. 너무 많이 들어서 오히려 의식이 무디어져 못 느끼고 살기 때문이다.

그래서 스스로 깨우칠 수 있도록 해 주어야 하는데 '우리 집 쓰레기 조사'도 한 가지 방법이다. 쓰레기 조사하는 방법도 여러 가지가 있겠지. 우리 반에서 해 본 것은 아이들 글을 보면 알 것이다. 더 좋은 방법을 찾아 끊임없는 교육이 이루어지도록 해야 한다. 요즘 많이 나오는 환경 교육에 관한 책들을 참고할 수 있겠다.

이거 누가 이래 버렸노

이번 재미있는 숙제는 냄새나는 쓰레기통 조사다. 처음에 어머니께 말씀드렸더니 "참 희한한 것도 다 한다. 그냥 대충 해 가라, 냄새도 나는데." 하셨다. 하지만 나는 큰맘 먹고 했다.

먼저 쓰레기통을 들고 베란다로 갔다. 그리고는 문을 있는 대로 모조리 다 열었다. 신문을 크게 펼쳐 한 장 깔고는 쓰레기통을 쏟아부었다. 그런데 찌끄러기들을 보는 순간 '이거 언제 다 하노.' 하는 생각이 들었다. 쏟아진 쓰레기는 참, 별별것이 다 들어 있었다. 그러나 할 수 없다. 나는 맨손으로 쓰레기통에서 나온 것들을 같은 종류로 나누었다. 대체로 쓰레기통에서 나온 것은 종이, 비닐, 휴지(화장지)가 가장 많았다. 나는 분류를 하면서 "에이 냄새야. 이거 누가 이래 버렸노. 비닐에 좀 싸서 버리지." 하고 투덜댔다. 그런데 하다 보니 정말 별것이 다 나왔다. 우선 나온 대로 분류하자면 다음과 같다.

크게	작게
종이류	과자껍질, 공책, 갱지, 신문, 쪽지, 휴지(화장지), 우유팩, 색종이, 팝콘 봉지
비닐류	편지지 껍질, 까만 비닐봉지, 과자 봉지
나무류	나무젓가락
플라스틱류	요구르트 통, 꼬모 통, 빵빠레 통

아주 여러 가지로 나왔다. 어디선지 썩는 냄새가 굉장히 많이 났다. 우리 집은 쓰레기, 음식찌꺼기 같은 것은 싱크대에 비닐봉지를 놔두고 거기에 모아 내려가는 쓰레기통에 버리기 때문에 쓰레기통에는 별로 모이지 않았다. 하여튼 분류한 것을 양으로 따져 보면 다음과 같다.

종류	쓰레기 양	비율
종이류	39장	53%
비닐류	12장	16%
나무류	6개(나무젓가락)	8%
플라스틱류	17개	23%
합계	74개	100%

대충 이 정도다. 이 가운데 다시 쓸 수 있는 것이 거의 반 정도이고 다시 쓸 수 없는 것이 반이었다. 지금 보니 내가 쓰레기에 너무 무심했던 것 같다. 필요 없는 것이 땅에 굴러다니면 다시 생각지도 않고 무조건 버린 것 같다. 조금만 생각해 보면 분명히 다시 쓸 수 있는 건데도 무조건 필요 없다는 생각에 버렸다. 쓰레기 처리가 어렵다는데 이렇게 쓸 수 있는 것도 버린다면 도대체 얼마나 많은 쓰레기가 쌓일지. 또 낭비는 얼마나 되는가! 그래도 지금까지 말로만 "쓰레기를 줄입시다!" 하고 말했지.

이것이 바로 우리 집에서 일어난 일이다. 지금까지 우리 집만 해도 쓰레기가 준 적은 없고 늘거나 비슷했다. 아파트 쓰레기 버리는 곳의 쓰레기까지 합하면 말하기가 좀 부끄러울 것이다. 앞으로 이것저것 잘 살펴보고 버리며, 재활용해 쓰도록 하겠다. 아니 남겨서 버리지 않도록 하겠다.

(경산 중앙 초등학교 6학년 소미령 1993. 9. 21.)

조그만 일이라도 실천하는 데 힘써야

이번 재미 숙제는 참으로 희한함과 동시에 꼭 거지 흉내를 내는 듯한 거다. 버린 쓰레기를 분류해야 하는 것은 냄새도 나고 너무 어렵다.

'에이시, 선생님은 하필 이런 재미있는 숙제를 내주시는지 모르겠다.'

돌아와서 이런 생각을 했다. 하지만 숙제인데 안 하면 터질 것 같기도 하고, 그보다 내가 찝찝해서 하기로 마음먹었다.

먼저 나는 모자를 눌러쓰고 장갑을 꼈다. 작은 집게를 들고 분류하기 시작했다. 엄마 방부터 시작이다. 방 한쪽에 있는 둥근 쓰레기통 뚜껑을 열어 신문지 위에 쓰레기를 꺼내 놓고 분류했다. 엄마 방에는 비닐류가 가장 많았다. 내가 어제 먹은 초콜릿 껍질과 빠삐요트 과자 껍질 말이다. 다음으로는 휴지류, 즉 코를 푼 휴지, 뭘 닦은 휴지 등 말이다. 세 번째는 종이류다. 광고지와 메모지.

다음은 부엌이다. 부엌 왼쪽 씽크대 귀퉁이에 놓인 큼지막한 쓰레기통에서는 음식 만드는 곳이라 음식 찌꺼기가 가장 많이 나왔다. 그리고 고기뼈나 그런 걸 종이에 싸서 버린 종이와 음식을 담은 종이류 통이다. 셋째로는 휴지류다. 부엌에는 닦을 게 많기 때문에 휴지가 필요하다.

세 번째로는 누나 방이다. 누나 방에서는 종이류가 가장 많았다. 다 쓴 종이와 휴지다. 누나가 감기에 걸려 많은 휴지가 필요하다.

네 번째는 큰방이다. 방은 크지만 할아버지 할머니가 생활하시기 때문에 휴지밖에 쓰레기는 없었다.

드디어 마지막 내 방이다. 오늘은 쓰레기가 왠지 적었다. 과자 먹은, 즉 빠삐요트 블랙터치를 먹은 껍질이 제일 많았고, 철사류(철사의 조각)가 두 번째, 세 번째는 연필 깎은 찌끄레기가 차지했다.

이 조사에서 이상한 점을 발견했을 거다. 바로 캔, 플라스틱 등이 없다는 점이다. 그것은 재활용을 위해 두 층마다 팩이나 폐건전지를 모으기도 한디.

쓰레기의 처리 방법은 세 가지가 있다. 첫째 태운다. 태울 경우 쓰레기 양은 줄지만 공기가 오염되는 나쁜 점이 있다. 둘째, 땅에 묻는다. 이것도 토양이 오염되기 때문에 좋지 않다. 셋째, 재활용이다. 가장 좋은 방법이다. 그러나 재활용할 수 없는 쓰레기가 또 문제다.

우리 집에서는 2.9킬로그램의 쓰레기가 나왔다. 얼마나 많노! 줄여야 할 거 아이가. 오늘까지 '세계를 깨끗이 한국을 깨끗이' 행사를 했다. 쓰레기를 안 버리면 이런 행사도 필요 없을 뿐 아니라 깨끗한 환경 속에서 살 수 있다. '어떻게 버릴까?'라는 생각을 뜯어고쳐서 '어떤 방법으로 쓰레기를 안 버릴 수는 없을까?', '가정의 쓰레기를 줄일 수는 없는가?' 등의 생각을 하는 데 힘쓰고, 조그만 일이라도 실천하는 데 힘써야겠다.

(경산 중앙 초등학교 6학년 권혁준 1993. 9. 19.)

환경오염 실태 조사

    우리 목숨과 직결되는 환경오염도 자기 눈에 보이거나, 자기가 느낄 정도로 그 피해가 일어나지 않으면 그다지 신경을 안 쓴다. 걱정을 한다 해도 그저 막연한 걱정일 뿐인데 그마저도 시간이 지나면 아주 까마득해진다. 그래서 이것도 때때로 자극을 주어야 한다. 자기 집에서 내보내는 오염 물질은 얼마나 되는지 조사해 보도록 한다든지, 자기 마을, 자기 고장의 환경오염 정도를 조사해서 그 대책을 마련하고 실천하도록 하는 것이 그것이다.

    물론 오랜 기간이 걸려서 보통 때는 재미있는 숙제로 한꺼번에 내주기가 어렵다. 이때는 몇 주 시간 여유를 두고 하는 것이 좋은데, 시작 첫 주말에는 코오롱 공장 주변 조사, 다음 주말에는 부산 식품 공장 주변 조사, 그다음에는 우리 집 오염 물질 조사, 다음에는 식품에 첨가된 유해 물질 분석, 또 신문에 나오는 공해 기사 찾아오기, 내가 실천하고 있는 환경 살리기 사례 소개하기, 환경 관련 책 읽기, 환경오염에 관한 자료(환경오염의 현황, 환경오염으로 비롯된 피해, 대책, 실천할 일) 읽고 토론하기, 생각해 보면 매우 많다. 이것은 한꺼번에 다 할 수도 없지만 한꺼번에 많이 하면 아이들이 싫증을 내게 된다. 그래서 오랜 기간을 두고 조금씩 해서 스스로 실천해 갈 수 있도록 한다.

우리 반에서 실천하기로 약속한 것은 비누로 머리 감기, 소금으로 양치질하기, 과자 적게 먹기, 빈 과자 봉지 함부로 버리지 않기, 일회용품 안 쓰기(예: 젓가락 가지고 다니기), 집에서 세제 적게 쓰도록 감시하기, 재활용할 것 적극 활용하기(예: 종이, 비닐봉지, 빈 병) 따위로 남들이 흔히 하고 있는 것들이다. 찾아보면 쉽게 할 수 있는 것들이 수없이 많으리라 본다.

우리 집에서는 얼마나 오염시키나

1. 조사 기간

    10월 6일~10월 27일

2. 왜 조사하게 되었나?

    우리 집에서는 늘 여러 가지 쓰레기들이 많이 나오고 있다. 그것이

    얼마나 환경에 큰 영향을 끼쳤는지 알아보기 위해.

3. 방법

    (1) 집 안에 하루 쓰레기 양과 세제 쓰는 양을 조사

    (2) 쓸 수 있는 것과 없는 것의 분류

    (3) 오염이 가장 심하게 되는 것

    (4) 썩는 것과 썩지 않는 것

(5) 불에 태우면 어떻게 되는가?

4. 내용

(1) 우리 집에서는 음식물 찌꺼기와 휴지, 과자 봉지, 담배꽁초 따위 여러 가지의 쓰레기들이 많이 나오고 있다. 네 개의 방을 사용하여 각각 그 방의 쓰레기통이 하나씩 있는데 오전 9시부터 밤 9시까지 12시간 쓰레기 양은 큰 봉지에 거의 꽉 차게 모이는 양이다.

세제는 스파크, 피죤, 수퍼타이, 퐁퐁, 옥시크린 따위가 있는데, 퐁퐁과 수퍼타이, 샴푸, 린스, 옥시크린 순서로 많이 쓴다. 비누는 우리 곁에서 늘 사용되는 것은 다 아는 사실이다. 퐁퐁은 하루에 반 컵 조금 안 되게 쓰는데 기름이 손에 묻어 있을 때 그것으로 씻으면 잘 없어지니 상당히 오염도가 높다고 할 수 있다. 수퍼타이는 하루에 2큰술 정도 쓰는데 세탁기에 넣을 때는 옥시크린도 같이 조금 넣는다.

(2) 쓰레기에서 쓸 수 있는 것은 몽당연필 두 자루가 있는데 볼펜대에 끼워서 쓸 수가 있으며, 하얀 종이도 막 버려져 있다. 조금밖에 쓰지 않았는데도 말이다. 그것은 연습장으로도 충분히 사용할 수 있을 것 같았다. 또 비닐봉지 두 개가 나왔다. 손잡이가 하나는 떨어져 있고, 또 하나는 작지만 둘 다 쓸 수가 있었다. 그리고 빨대가 멀쩡한데도 버려져 있었다. 그 외는 모두 쓸 수 없는 것들이었다.

(3) 물 오염을 가장 심하게 하는 것은 말할 것도 없이 합성세제들이다. 학교에서 배웠지만 비누는 빨리 분해되기 때문에 환경을 덜 오염시키지만 합성세제인 수퍼타이 같은 것은 미생물이 분해시키지 못할 뿐만 아니라 미생물도 숨 막히게 하여 죽여 버린다.

(4) 13일부터 23일까지 고무하고 파릇파릇한 나뭇잎을 땅 10센티미

터 깊이로 묻어 두었다가 파 보았더니 나뭇잎은 조금 썩어서 검게 변해 있었는데 고무는 아무런 변화가 없었다. 이것으로 보아 대충 인간이 인공적으로 만든 것은 잘 분해되지 않는 것이 많고 자연적인 것은 분해가 잘 된다는 것을 알 수 있다.

(5) 고무와 짚을 태워 보았다. 고무는 검은 그을음이 심하게 나며 냄새도 아주 많이 났다. 짚은 흰 연기가 나며 냄새도 거의 나지 않았다. 고무가 타니 깨끗이 없어지지 않고 까맣고 딱딱한 덩어리가 남았는데 짚은 재가 조금 남아도 흙으로 다시 돌아갈 수 있다. 짚은 또 그냥 두면 썩어서 흙에 아주 좋은 양분을 주어 좋다.

5. 느낀 점

우리 집에서 이렇게 쓰레기가 많이 나오고 세제를 많이 쓰는지 몰랐다. 이제는 이런 것을 다 알았으니까 모든 것은 환경을 생각해서 움직여야겠다.

6. 해결 방법

(1) 먼저 재활용할 수 있는 것은 버리지 말고 모아 두었다가 다시 쓰도록 하는 것이다.

(2) 세제 사용이 엄청난데 많이 줄인다. 우리는 비누로 머리 감기 하는 것을 꼭 지켜야 하고 우리 선생님처럼 소금으로 양치질하기도 해야 한다.

(3) 일회용 컵, 젓가락, 접시 따위를 될 수 있는 대로 사용하지 않도록 한다. 특히 은박지 접시 같은 것은 태워도 타지 않으니 함부로 버리지 않도록 하는 것이 좋고, 사용을 안 하는 것이 더 좋겠다.

(경산 부림 초등학교 6학년 허병대 1991. 10. 29.)

우리 마을의 오염

1. 조사 기간

   1991년 9월 7일~10월 13일

2. 조사하게 된 이유

   요즈음에 우리나라의 공해 문제가 심각하다고 한다. 대구의 페놀 사건은 정말 놀랄 일이었다. 그래서 우리 근처에는 공해가 얼마나 심한가 한번 조사해 보게 되었다.

3. 방법

   (1) 우리 마을 근처에 있는 두 공장에 가서 조사한다.

   (2) 우리 학교 앞의 쓰레기는 어떤가 조사한다.

   (3) 우리 집의 세제 사용은 어떤가 조사한다.

4. 내용

   (1) 부산식품 공장 ─ 부산식품에는 처음부터 막 꾸리꾸리한 냄새가 났다. 그리고 그 주위에는 쓰레기가 막 쌓여 있고, 오염된 물도 있었다. 폐수처리장이 있길래 보니 사용하는 것은커녕 풀이 막 우거져 있었다. 여기가 오염되고 그 옆의 도랑도 심하게 오염되어서 이제는 물고기도 못 살고 있다. 난 참 정말로 이 회사 사장은 꼬리하다고 생각한다. 오염이 되거나 말거나 자기 회사 이익만 위해서 시는데 내 생각에는 그 공장을 고발해서라도 폐수처리장을 잘 사용하도록 해야 된다고 생각한다.

   (2) 코오롱 공장(옷감 짜는 공장) ─ 코오롱 공장은 폐수처리장이 잘 이용되고 있어서 내 기분도 좋았다. 하지만 냄새가 심하게 풍겨서 난 인상을 막 찡그렸다. 그리고 또 한 가지 나쁜 점은 낮에는 굴뚝에 연기를 내보내지 않지만 밤에 내가 하늘을 쳐다보니까 코오롱 공장 굴뚝에서

시커먼 연기가 나와 심하게 하늘로 올라가고 있었다. 그것이 한두 번이 아니고 거의 매일이었다. 폐수처리장을 잘 이용해서 괜찮은 줄 알았는데 역시 꼬리했다.

⑶ 우리 학교 앞 — 전번에 우리 마을 오염 조사를 하기 위해 빙 둘러보니까 학교 앞에 쓰레기가 산같이 쌓여 있었다. 그것은 대부분 우리가 먹은 아이스크림 껍데기, 과자 먹고 버린 봉지였다. 우리 아이들이 과자를 사서 먹고는 아무 데나 휙 갖다 버리니까 바람에 날려서 하수구에도 몰려 있었다. 난 이렇게 된다면 치우고 또 치워도 안 될 것이라고 생각되었다. 제발 우리 아이들은 과자를 사 먹는 일도 줄여야 하고, 사서 먹더라도 안 버리는 습관을 좀 가졌으면 좋겠다.

⑷ 우리 집의 세제 사용 — 우리 집에서 하수로 나가는 세제의 종류와 양은 얼마나 되나 대충 알아보았다.

월 — 하이타이 2큰술, 퐁퐁 조금 사용

화 — 샴푸 사용, 하이타이 1.5큰술, 퐁퐁 조금 사용

수 — 퐁퐁 조금 사용, 샴푸 사용

목 — 퐁퐁 조금 사용, 하이타이 2.5큰술

금 — 퐁퐁 조금 사용

토 — 퐁퐁 조금 사용, 하이타이 2큰술, 샴푸 사용

일 — 퐁퐁 조금 사용, 하이타이 2큰술, 샴푸 사용

우리 집에는 퐁퐁이 매일 사용되었고, 하이타이와 샴푸도 하루 건너 하루는 꼭 사용되었다. 비누는 매일 사용하지만 좀 덜 오염되는 것이라 적지도 않았다. 우리 집은 매우 적게 쓰는 편이다. 왜 그걸 아나 하면 내가 엄마나 식구들에게 부탁을 하기 때문이다.

5. 느낀 점

나는 이렇게 조사해 보면서 생각한 것은, 이제 우리 마을에도 오염이 심각하다는 것을 확실히 안 것이다. 우리 마을에는 공장이 두 개밖에 없는데 두 군데 다 문제가 두세 가지 있다. 부산식품에는 폐수처리장을 만들어야 하겠고, 코오롱 공장에서는 특히 밤에 몰래 연기를 내보내는 걸 하지 말아야겠다. 우리 집에서는 세제 사용을 줄여야 오염이 줄 것이다.

6. 해결 방법

(1) 공장에서 폐수처리장을 만들어 깨끗한 물을 내보내야 한다.

(2) 연기도 몰래 내보낼 생각 말고 정화 장치를 해야 한다.

(3) 만약에 그렇게 안 한다면 처벌해서라도 고쳐야 한다.

(4) 우리는 과자를 될 수 있는 대로 사 먹지 말고, 사 먹더라도 빈 껍데기는 휴지통에 버려야 한다.

(5) 가정에서는 세제 사용하는 것을 줄여야 한다.

(6) 우리는 비누로 머리 감기부터 실천에 옮겨야 한다.

(경산 부림 초등학교 6학년 이종태 1991. 10. 15.)

사랑의 마음 실천하기

무슨 일이든지 많은 사람들이 왁자지껄 떠들어 댈 때는 너도나도 관심을 가지게 된다. 그러다가도 조금만 시간이 지나면 감각이 무디어지고 흐려져서 그 일과 멀어지게 되고, 더 지나면 언제 그런 일이 있었냐는 듯이 잊게 된다. 이렇게 감각이 무디어지고 결국 우리 마음에서 사라져 갈 성싶을 때 한 번씩 자극을 주는 일은 매우 중요하다. 자극을 받을 때마다 다시 마음에 새기며 실천함으로써 저도 모르게 몸에 배게 된다.

언제 어느 때라도 습관처럼 행동으로 옮겨지게 되는 것이다. 연말에나 되돌아보며 야단법석을 떠는 불우 이웃 돕기도 반짝하는 이 기간만 지나면 우리 이웃의 아픔이나 어려움은 언제 봤냐는 식이 되어 버린다. 아이들에게 이따금 우리 이웃에서 버림받은 사람이나 동물 돕기를 숙제로 내어 보자. 물질도 중요하지만 진심 어린 사랑의 마음이 더욱 중요하다.

노래 테이프 파는 아저씨

오늘은 수요일이다. 그래서 전교생이 네 시간 오전 수업 하는 날이다. 일찍 집에 왔다. 한 시 사십 분이었다. 점심을 먹고 있으니 아빠 오토바이 소리가 났다. 난 아빠에게 인사를 하였다. 인사를 받은 아빠는 "니, 오늘은 웬일로 일찍 왔노. 응?" 하면서 물으셨다. "오늘은 수요일이잖아. 그카고 선생님들 어디 가셔서 일찍 왔다." 하니 그제서야 고개를 끄덕이셨다.

아빠는 오토바이를 대문 안쪽 옆과 오빠 방 사이에 세워 두셨다. 그리고 방에 와 옷을 갈아입고 나와서 "정순이, 니 지금 하양에 잠깐 갔다 올래?" 하며 물어보셨다. "알았다, 갔다 오게. 뭐 뭐 사 오라꼬?" 하니 "가만있어 보자, 어어 아빠 약 큐란 두 개하고 하양에 가는 김에 우유 두 통하고 아빠 집에 혼자 있을 때 심심할 때 듣그러 신나는 노래 테이프 하나 사 온나. 알았제." 하셨다.

난 하양에 가서 약국부터 들러 아빠가 시킨 약부터 사고 그 위로 올라가다가 보니 노래 테이프 파는 가게까지 갔다. 노래 테이프 가게 문 앞에서 주위를 한번 보았다. 그런데 다리에 고무를 씌우고 앉아 있는 아저씨가 보였다. 그 아저씨는 마침 노래 테이프를 팔고 있었다. 그때 나는 재미있는 숙제가 생각났다. 그래시 그 이지씨에게 가서 샀다. 아저씨는 나에게 "고맙습니다." 하였다.

난 사실 이 아저씨를 보았을 때 무서운 생각이 들었다. 그러나 아저씨는 나를 보더니 웃었다. 나는 아저씨에게 인사받을 자격이 없다고 느꼈다. 재미있는 숙제가 아니었다면 팔아 주지 않았을 것이기 때문이다.

내가 사고 난 다음부터는 팔아 주는 사람이 없었다. 혼자 있는 아저씨를 보니 마음이 자꾸만 안되었다. 집으로 오면서도 내내 그 생각이 머리에서 떠나지 않았다. (경산 부림 초등학교 6학년 장정순 1991. 11. 20.)

다리 없는 아저씨

길을 따라가고 있는데 논둑에서 다리 없는 아저씨가 풀밭에서 무얼 찾고 있었다. 나는 그냥 가려는데 아저씨가 "얘야, 저기 있는 목발 좀 가져다 줄래?" 하며 목발을 가리키셨다. 나는 그냥 아무 생각 없이 "예." 하고 목발을 갖다 드리고 가려는데 "얘야, 너는 아주 착하구나." 하고 칭찬해 주셨다. 나는 그 소리를 듣고 "뭘요." 하면서도 속으로 '저는 도와주려고 마음도 제대로 먹지 않고 아저씨의 말을 어쩔 수 없어 들었는데 착하긴 뭐가 착해요. 저의 마음을 속여 정말로 죄송합니다.' 하고 말했다.

재미있는 숙제를 생각하지 않았더라면 그냥 지나칠지도 모르는 일이었다. 마음 같아서는 부끄러워 쥐구멍에라도 들어가고 싶었다.

(경산 부림 초등학교 6학년 김영국 1991. 11. 22.)

누가 함부로 쓰레기를 버리나?

버스 정류장 주변을 보면 쓰레기통이 바로 옆에 있는데도 길에는 쓰레기가 널려 있다. 담배꽁초가 가장 많이 떨어져 있는데, 가만히 보면 담배를 피우다가 버스가 오니 급해서 그만 불붙은 꽁초를 아무 데나 버리고 가는 것이다.

그것은 좀 덜한 편이다. 바로 몇 미터 뒤에서 청소부 아저씨가 담배꽁초를 쓸어 담으며 청소를 해 오고 있는데도 그냥 버린다. 바로 앞에 청소를 해 놓아 말끔한 길바닥에 휴지, 담배꽁초 따위를 아무 생각 없이 버리는 것도 예사다.

도시에서 인도를 보면 촘촘히 검은 딱지가 들러붙어 있는데 그것은 껌을 씹다가 함부로 버려서 달라붙은 것이다. 아주 흉측하다. 운동 경기를 관람하는 자리나 선거 유세장, 관광지 따위 아주 많은 사람이 모이는 자리는 말할 것도 없고, 도시 아닌 농촌이나 어촌도 어디든 마찬가지다.

106

도대체 어떤 사람이 어떤 마음으로 어떻게 버릴까? 함부로 버리는 것에 대해서 생각하는 시간을 가지며, 버리지 말아야겠다는 마음을 단단히 다지도록 기회를 만들어 주는 것도 좋을 듯하다.

구호로 버리지 말자고 해서는 이제 먹혀들지 않을 것 같다. 버스 정류장이나 사람이 모이는 곳에서 30분에서 한 시간가량 지켜보도록 해 보자. 느끼는 것이 많을 것이다.

꼬집어 주고 싶었다

오전에 내 동생 진완이와 함께 우리 동네 앞 버스 승강장에 재미있는 숙제를 하러 다녀왔다.

더운 날씨에도 많은 사람들이 승강장에 나와서 버스를 기다리고 있었다. 나는 좀 짜증이 나서 속으로 '날씨도 더운데 그냥 집에 있지. 왜 나다니고 있노.' 하고 투덜대는 투로 중얼거렸다. 진완이는 나의 숙제를 도와주려는 건지 무엇인가를 살피는지 눈을 찌푸려서 이리저리 고개를 돌리며 사방을 살피고 있었다. 그러더니 조금 있다가 나에게 다가와서 "누나야, 저 아저씨 담배 피운다. 이히히……." 하며 호들갑을 떨며 나에게 말하는 것이었다.

나는 진완이의 말을 듣고 옆으로 고개를 돌려 보니 정말 키가 크고 사납게 생긴 한 아저씨가 무슨 걱정거리가 있는지 인상을 있는 대로 다 찌푸려서 담배를 쭉쭉 빨며 서 있는 것이었다. 좀 무섭다는 생각도 들긴 했지만 한편으로는 좀 불쌍하고 애처롭다는 생각도 조금은 들었다. 내가 그 사람을 계속 보고 있으니 그 아저씨는 무섭게 눈을 돌려 나를 쳐다보는 것이었다. 나는 너무 놀라서 반대쪽으로 고개를 돌리며 딴청을 피웠다. 몇 분 뒤에 다시 그 아저씨 쪽을 보니 담배꽁초를 구두 신은 발로 막 부비며 침을 뱉고는 인상을 찌푸리는 데까지 찌푸려서 차가 오는 것을 기다리는 것 같았다.

고개를 이리저리 돌리다가 우연히 반대쪽을 보게 되었는데 어떤 예쁘장하게 생긴 아가씨가 화장지 두세 장을 작은 손거울과 함께 꺼내더니 손거울을 보며 루즈 화장이 잘못된 것을 지웠다. 그러더니 쓰레기통이 가까이에 있는데도 자기 옆에다 버리고 75번 버스가 오니 거만스럽게 타고 가는 것이었다. 얼마나 얄밉던지 손톱으로 꼬집어 주고 싶었다. 진완이도 그 사람을 보았는지 나에게 다가와서 "누나야, 아까 전에 어떤 아가씨 봤나? 응, 누나야?" 하는 것이다. 나는 그 말이 반가워서 "응, 나도 봤다. 니도 봤나?" 그러니 진완이는 좀 화난 표정으로 "응, 억수로 못됐더라, 맞제?" 하였다.

우리나라에나 우리 고장, 아니 우리 마을에라도 그런 사람이 있어서는 안 되겠다는 것을 새삼 느끼게 되었다.

오늘 한 재미있는 숙제는 다른 날 했던 재미있는 숙제보다 특별나지만 한편으로는 동생과 나에게 많은 교훈을 준 재미있는 숙제라고 생각한다. 앞으로도 재미있는 숙제를 열심히 하여서 많은 것을 배우고 얻어야겠다는 생각을 했다. 오늘은 다른 날보다 두 배로 더 값지고 두 배로 더 뜻깊은 날이었던 것같이 생각된다.

(경산 중앙 초등학교 6학년 박정미 1993. 6. 6.)

환경을 더럽히는 것은 큰 죄다

시장에 갔다 와 엄마와 가게로 올라갔다. 가게에서 밖을 내다보니 버스 정류장이 보였다. 마침 재미있는 숙제가 생각났다. 좋은 기회라 생각하고 기뻐하며 엄마한테 뛰어갔다.

"엄마, 볼펜하고 종이 좀 주세요."

"그 위에 있제? 그거 써라."

나는 갱지와 볼펜을 들고 밖으로 나와 문 앞에 앉았다. 손으로 턱을 괴고 앉아 있으니 한 학생이 왼쪽 어깨에 큰 가방을 메고 왔다. 그리고는 시무룩한 얼굴로 버스가 오는지 살펴보더니 주머니에서 88담배를 꺼냈다. 오른쪽 팔은 잠시도 가만히 있지 못하고 앞뒤로 계속 흔들더니 앞에 있는 휴지통을 발로 탁 찼다. 그리고는 담배를 흔드니 담배 몇 까치가 올라왔다. 한 까치를 빼서 입에 물고 라이터를 꺼내 손으로 가리고 불을 켰다. 다리 하나는 앞으로 좀 내놓고 머리를 숙인 모습이 마치 걱정이 있는 것 같았다. 1번 버스가 오니 담배를 쭉 빨고는 휴지통 위에 씩씩 비비고는 차에 올라탔다. 내가 가서 보니 담배는 산산조각 나 있고 시커먼 재가 휴지통 위에 묻어 있다.

3분쯤 지나니 흰 모자를 쓴 할아버지와 할머니가 뭐라고 뭐라고 이야기를 하시며 주머니를 툭툭 쳐 보고는 오른쪽 주머니에 손을 넣어 한라산 담배를 꺼낸 뒤 흔들었다. 거기서 한 까치를 꺼내 입에 물고 라이터를 꺼내 담배에 불을 붙였다. 그리고 주름살을 지으며 얼굴을 찡그리고 담배를 빨고 내뱉고 하다가 차가 왔는지 땅에 던지고 발로 이리저리 비비고는 침을 탁 뱉고 쭈뼛쭈뼛 걸어가 71번 차에 올라탔다. 담배가 아까 전과 마찬가지로 다 갈라지고 납작해져 있었다.

좀 뒤에 친구 사이 같은 남학생 둘이 이야기를 하다가 안경을 낀 학생이 주머니를 뒤졌다. 그러더니 담배 한 갑을 꺼냈다. 한 학생이 전

봇대를 발로 차고 웃었다. 그리고는 담배를 입에 물고 라이터로 불을 붙였다. 그런데 바람이 불어 불이 꺼지자 "에이, X"라고 말했다. 그리고는 다시 불을 붙인 담배를 입가에 물고 침을 탁 뱉었다. 한 번씩 손으로 담배를 꺼내 여러 가지 모양의 연기를 뿜어냈다. 좌석 버스가 오자 한 학생은 담배를 나무 밑에 던지고 발로 싹싹 비비고, 다른 학생은 다른 사람과 달리 쓰레기통에 넣고 차에 탔다.

담배를 피우는 것까지는 자유인데 버리는 것은 휴지통에 버려야 되는 것이라고 생각한다. 자기가 피운 담배 연기로 세상을 더럽히는 것도 죄인데 거기다 피우다 만 담배꽁초를 길에다 버리는 것은 환경을 더럽히는 더욱 큰 죄이다. 좀 귀찮더라도 담배꽁초는 꼭 쓰레기통에 넣어 주었으면 좋겠다. (경산 중앙 초등학교 6학년 소미령 1993. 6. 6.)

함부로 버린 쓰레기 줍기

　쓰레기를 함부로 아무 데나 버리는 사람들을 지켜보며 아이들은 느낀 점이 참 많았다고 한다. 그런데 느끼고 생각하는 것만으로는 모자란다. 무슨 일이든지 습관처럼 행동이 몸에 배어서 저절로 우러나와야 자기 것이 되었다고 볼 수 있다.

　언젠가 대구 남부 버스 정류장에서 한 중학생이 얼음과자를 먹으려고 그 껍질을 벗기더니 아무 생각 없이 땅바닥에 떨어뜨리는 것이었다. 그래서 "학생, 그거 주워서 휴지통에 버려!" 이랬더니 씩씩거리며, 눈을 꼴쳐 보면서 마지못해 억지로 휴지통에 주워 담았다. 그렇게 자신이 떨어뜨려 놓고도 주우라고 하면 아주 기분 나쁘게 생각한다. 이러니 남들이 떨어뜨려 놓은 쓰레기를 누가 스스로 줍겠나. '청소부가 있는데 왜 내가 주워' 하는 식의 생각이겠지. 이래서는 안 되겠다 싶어 우리 반 아이들에게 정류장에서 사람들이 버리는 휴지나 담배꽁초를 주워서 쓰레기통에 담기를 재미있는 숙제로 내주었다. 또 버리는 사람이 보는 앞에서 주워 보도록 해 보았다. 아이들이 쓴 글을 보니 참 재미있는 일이 많다.

이제 됐제이?

교회에 갔다 집으로 돌아오는 길에 갑자기 '재미있는 숙제'가 떠올라서 선생님이 하라신 대로 하기 시작했다. 버스 정류장에 사람이 많이 모여 있길래 그쪽으로 횡단보도를 건너갔다. 어떤 40대 중간으로 보이는 아저씨가 껌을 씹고, 껌종이는 바로 코앞에 버리는 것이었다. 난 그 아저씨의 얼굴을 보고 눈치를 희끔희끔 주면서 껌종이를 주웠다. 아저씨는 자기가 버리지 않았다는 듯 시치미를 뚝 떼며 내가 휴지 줍는 모습을 잠깐 보다가는 다른 곳으로 눈빛을 돌리는 것이었다. 난 그 아저씨의 잘못을 깨닫게 해 주기 위해 새로운 머리를 짜내었다. 내 발 앞에 껌종이를 놔두고, 아저씨가 있는 쪽으로 차서 다시 주웠다. 그 아저씨의 눈에 잘 뜨이게 껌종이를 들어 아저씨의 눈앞을 스쳐 쓰레기통으로 살짝 넣었다. 아저씨는 미안하다는 듯 다시 껌을 꺼내어 씹더니 껌종이를 쓰레기통에 넣었다. 그러고는 나를 쳐다보면서 "이제 됐제이?" 머리를 쓱쓱 긁으면서 빙긋이 웃으며 말했다. 난 아저씨보고 "네!" 큰 소리로 말했다. 주위에 있던 사람들이 깜짝 놀라 나를 쳐나봐서 얼굴이 붉그레해지고, 너무나도 부끄러워서 들고 있던 가방을 메고 건널목이 있는 쪽으로 힘껏 뛰어갔다. 난 뛰어가면서 이런 생각을 하였다.

'어이구! 주위에 있던 사람들이 날 보고 얼마나 웃었을까? 어휴 미치겠다. 이 재미있는 숙제 때문에 내 얼굴도 못 들고 다니겠다.'

이런 생각을 하였어도 나보다 더 많이 배운 사람에게 깨닫게 해 준 것, 한 가지 더 가르쳐 줬다는 것이 기쁘고도 또 기뻤다.

(경산 중앙 초등학교 6학년 권경희 1993. 6. 20.)

헤이, 명태, 니 와 카노

오늘 재미 숙제를 했다. 전번 일요일은 놀러 가서 못 했기 때문이다. 신을 슬리퍼로 갈아 신으니 '아, 재미 숙제.' 하는 생각이 들어 누나한테 말도 안 하고 혼자서 신을 끌며 슬슬 정류장으로 갔다.

'그거 우예 하노, 부끄러운데. 에이 하지 마까.'

하며 눈을 딱 감았다. 다시 눈을 환하게 뜨고는 정류장으로 갔다.

몇 분 안 되어 도착했다. 사람이 별로 없는데도 쓰레기는 사람 수보다 몇십 배 더 많은 것 같았다. 한번 더 말하면 쓰레기통은 무려 세 개나 있건만 바닥에는 쓰레기가 운동회하듯 달리고 있다. 공중전화기 옆에는 '해피랜드'라는 개업집이 있어서 화환이 열 개 정도 있었다. 그 화환 안에 쓰레기통이 두 개 있지만 구석이라서 그런지 쓰레기가 너무 많았다. 거기다가 짜증 나게 쓰레기는 아주 작은 껌종이, 나무젓가락, 종이 등이었다.

나는 부끄러웠지만 한숨을 거두고 줍기 시작했다. 먼저 전화기 뒤와 옆을 주웠는데 확실히 쓰레기가 많았다. 복숭아씨를 주울 땐 내 손이 다른 사람의 입과 맞물렸다는 생각이 들어 더럽기도 했다. 사람들은 나를 보지도 않은 채 자기 혼자나, 친구나, 애인 등과 웃고 이야기하며 아무 느낌 없이 지나쳐 간다. 오른쪽에서 줍기 시작했다. 이곳도 마찬가지. 복숭아씨는 다섯 개나 버려져 있었다. 몇 개는 손으로도 줍고 또 나머지 몇 개는 비닐종이로 싸서 버렸다. 그러니 그 앞에 있던 중학생으로 되어 보이는 한 누나가 뒤로 돌아보며 이상한 듯 고개를 갸우뚱거리더니 눈을 땡그랗게 뜨며 나를 보다가 말다가 휴지통도 보더니 이젠 버스만 기다리는 것이다. 한마디 말도 안 해 주어서 코웃음만 나왔다.

다시 줍고 있으니 사람이 오는 것이다. 나는 속으로 '사람이 올 때 휴지를 주우면 어떨까?' 하는 생각을 했다. 한 사람이 오길래 바로 앞의 껌종이를 주우니 아무 느낌 없이 그냥 지나가는 것이었다. 정말 뻔뻔했다.

버스표 파는 곳에는 휴지가 조금 많이 있었다. 그곳에 가니 50대쯤 되어 보이는 아저씨가 담배를 피고는 남은 생각하지도 않은 채 그냥 버리더니 차에 올라타는 것이다. 또 한숨 쉬면서 담배꽁초, 복숭아씨를 주우니 한 형이 "어구 착하다." 하며 한마디하고 갔다. 어찌나 기분이 좋던지 더 줍고 싶었다. 불지 못하는 휘파람을 '후후' 불면서 종이를 줍고 일어서니 이곳에서 쌓인 싫증이 다 풀렸다. 어떤 누나가 눈을 번쩍 뜨고 놀라는 것이었다. 나는 당황해서 볼때기에 바람을 넣고 돌아와서 휴지통에 넣고는 웃으며 전화기 쪽으로 가니 기형이가 왔다.

"헤이, 명태, 니 와 카노. 사람 됐네."

막 놀렸다. 기분이 나빠서 "에이, 기형텡이야 기형테이." 하며 나도 놀렸다. 그린데 껌종이를 무심코 비리며 "니 이거 뭐 할라고 줍는데?" 헸다. 신경질이 나 따끔한 말로 "임마, 이래 버리면 우야노, 남은 줍고 있는데." 하니 계속해서 "이거 뭐 할라고 하는데? 숙제가?" 했다. 그래도 나는 가만히 휴지만 주웠다.

몇 분 동안만 주웠는데도 깨끗한 정류장이 되어 내가 아닌 모든 사람에게 기쁨을 주었다. 휴지통을 보니 반쯤 차 있었다. 하지만 난 불만이다. 사람들마다 휴지통에 휴지를 버리지 않는 것이다. 이런 것을 생각하며 광명 아파트 놀이터쯤에 걷고 있으니 어떤 한 아이가 하드를 먹으며 쓰레기를 가지고 있었다. 내가 "야, 니 이거 휴지통에 버리래이. 남이 함부로 버리면 휴지통에 버리라 하든가 니가 주워래이. 알겠제." 하며 그 아이를 가르치고는 돌아왔다.

이제는 정말 휴지는 아무 데나 버리지 말아야겠다.

(경산 중앙 초등학교 6학년 이명훈 1993. 6. 24.)

지금 강에는 무엇이 살고 있을까?

　사람들은 먹고, 입고, 잠자고, 사는 일에 매달려 옆도 잘 돌아보지 않는다. 그래서 지금 코앞에 닥친 일이 아니면 무엇이 어떻게 되어 가는지 알 수가 없다.

　이제 좀 옆도 돌아보면서, 다른 사람, 다른 것들도 좀 돌보면서 살자. 그래, 지금 강에는 무엇이 사나 조용히 들여다보자. 거기도 무엇이 꿈틀대며 살고 있다. 요즘같이 오염된 강에서는 아무것도 못 살 것 같은데, 그래도 끈질기게 생명을 이어 가는 물속 생물들이 참 용하다는 생각이 든다.

　아이들에게 '지금 강에는 무엇이 살까?'로 내주는 재미있는 숙제는 큰 강보다는 아주 작은 강, 강이라기보다는 오염되지 않은 시골 도랑이나 개울 같은 곳이 더욱 좋겠다. 우리 어릴 때는 학교에 갔다 돌아오다가도 봇도랑에서 붕어도 잡고, 미꾸라지도 잡았다. 어디 그것뿐인가. 소먹이 하러 갔다가 개울에서 가재를 잡아 구워 먹으며 신나게 놀았던 기억이 난다. 가재를 잡아 구워 먹고, 붕어를 잡고 해도 요즘처럼 쓸데없이 함부로 죽이지는 않았다. 잡았다가도 너른 곳에 놓아주곤 했다.

살려고 발버둥치는 것도 죄의식 없이 기어코 잡아 죽여야 직성이 풀리는 요즘 아이들과는 달랐다. 거기서 우리 자신도 모르게 생명의 신비함, 생명의 소중함을 배웠던 것이다. 꽁꽁 얼어붙은 한겨울 물속에는 어떤 생물이 어떻게 살고 있을까 관찰시켜 보는 것도 좋겠다. 추운 겨울 물속 생물과 여름 물속 생물을 비교도 해 보도록 하는 것도 좋겠다. 그러자면 미리 계획표에 잘 적어 두어야 할 것이다.

우리 반 아이들 글 몇 편을 보니 이제 시골에도 오염되지 않은 곳이 없는 것 같다. 관찰시킬 때는 아주 구체적으로 무엇을 어떻게 관찰한다는 걸 미리 일러두어야 한다. 저학년은 꼭 부모와 같이 가도록 하는 것도 잊지 말자.

으악! 이게 무슨 냄새고

오늘 신령이, 유리와 함께 재미있는 숙제를 했다. 오늘 할 재미있는 숙제는 도랑에는 무엇이 있는지 조사해서 적는 것이다.

우리들은 도랑을 찾아갔다. 다리를 건너 돌을 밟으며, 물을 지나 이야기도 하고 웃기도 하고 즐겁게 걸어갔다. "다 왔나?" 하며 물었더니 "아니, 좀 더 내려가야 된다." 하며 대답했다.

저 밑에는 검은색의 새끼 염소와 어미 염소가 풀을 뜯고 있는 모습도 보였다. 우리들은 염소를 마구 놀려 댔다. 그러자 새끼 염소가 마구 따라왔다. 우리는 겁이 나서 "엄마!" 소리치며 걸음아 날 살려라 뛰었다. 우리는 염소를 피해 한참을 도망쳐 뛰어갔다. 정말 간이 콩알만 해졌다.

"으으 다리야. 다리 부러지겠다." 이 소리와 함께 물 앞의 작은 돌 위에 웅크리고 앉았다. 나는 "야, 뭐 있냐?" 하고 물었다. 신령이는 "몰라, 쓸 것도 없다." 하며 어리광이 섞인 투로 말하였다

나는 작은 눈을 크게 뜨고 살폈다. 그런데 신기한 것을 보았다. 태어나서 처음 보는 것이다. 돌 틈에서 파아란 새싹이 피어나고 있었다.

'저게 뭐지? 저런 것도 있나 히히.'

그때 "물이끼도 있다!" 하고 누가 외쳤다. 정말이었다. 이끼 때문에 돌들이 미끌미끌했다. 돌을 만져 보니 기분이 이상했다. 그런데 갑자기 바람이 불었다.

"으악! 이게 무슨 냄새고?"

내가 소리쳤다. 물이 오염되어 썩어 있었나 보다. 우리가 버린 쓰레기 때문에, 세제, 폐수 때문에……. 냄새가 아주 지독했다.

냄새가 없어지자 "신령아 뭐 있더나?" 하고 물어보았다.

"어, 풀 같은 거하고, 이끼 송사리 같은 거."

"야, 송사리도 있더나?"

"어, 있더라. 으쑤로 작은 거 하나 지나가더라." 하며 유리가 말했다. 나는 "도대체 언제 지나갔노. 에이씨 눈도 밝다." 하며 투덜거렸다.

나는 풀, 이끼, 여러 가지 돌 틈에서 피어나는 파아란 새싹, 쓰레기밖에 보지 못했다. 근처에는 여러 가지 이름 모를 많은 풀, 많이 본 것 같기도 한 풀도 많았다. 풀들이 싱싱하지 않고 시들시들하고 누구에겐가

밟혀 있었다. 납작하게 잎이 퍼져 있었다.

'내가 조사한 게 맞기는 맞나?'

그때 유리와 신령이는 이 정도면 됐다며 가자고 했다. 나는 마음이

개운하지 못했다. (경산 중앙 초등학교 6학년 소미령 1993. 3. 21.)

고기가 살고 있었다.

선생님께서 어제 "물속에는 무엇이 사는가 자세히 관찰하거라." 하

고 말씀을 하셨다.

내가 '지금 물속에는 무엇이 사는가?'라는 주제로 강에 가려는 참에

어머니께서는 집 공사 때문에 강에서 빨래를 한다고 하셨다. 그래서 이

때가 좋은 기회라고 '오예, 강에 가서 재미 숙제 해야지.' 하며 속으로

소리쳤다.

어머니와 같이 빨랫짐을 들고 강으로 나갔다. 강둑에 서 있으니 멀

리서 이종사촌이 왔다. 나는 이종사촌 형의 힘을 얻어 돌 아래로 내려

갔다. 커다란 돌에 조그만 구멍이 있어 관찰해 보니 돌, 휴지, 물풀 등이

있었다. 물풀은 돌에 끼었기 때문에 강물에 휘말려 휘날리고 있었다.

이곳을 다 관찰하고 돌 위에 올라가려는데 위에서 우리 반 혜경이와 우

정이가 숙제하는 모습을 보고는 일부러 지나치고 모른 체했다. 나는 부

끄러움을 많이 타기 때문이다.

조그만 강이 흐르는 곳에 관찰해 본 결과 나뭇가지가 돌에 걸리고,

고기가 물풀, 돌 안에 숨는 모습을 보니 마음이 자꾸만 들떴다. 이 조그

만 강을 관찰하니 혜경이와 우정이가 다른 곳을 관찰하려고 길을 가고

있었다. 물이 세차게 내려가는 곳을 나뭇가지로 대어 보니 내가 밀려

나갈 정도다. 또 다른 한쪽은 졸졸 흐르고 있어 눈으로도 알 수 있었다. 나뭇가지를 버리고 옆을 보니 검푸른 이끼, 물풀, 돌, 고기, 깡통, 종이, 기름, 바위, 나뭇가지 등 여러 가지가 있었다. 나는 길을 걸으며 '아, 이 오염된 강에 생물이 산다니 후우, 이젠 휴지를 함부로 버리지 말아야지.' 하고 생각했다.

기름이 떠가는 모습을 관찰해 보니 생각만 해도 미끌거렸다. 어머니께서 빨래하시는 옆 모서리에서 커다란 물풀을 뽑으려니 뽑히지는 않고 미끄러워 빠져나갔다. 손을 씻고 고기를 잡는 아이의 고기를 보았다. 컸지만 깨끗하지 못했다.

다른 곳에는 물풀이 대단히 잘 살고 있었다. 그 옆에 버려진 깡통을 들고 물을 담아 보니 더럽지 않았다. 그저 물풀의 색이 드러나서 강바닥의 땅이 보이지 않았다. 이 물속 생물을 관찰하니 많은 것을 느꼈다. 물속에도 온갖 생물이 산다는 것이다. 그런데 물이 오염되어서 걱정이다. 그 생물이 죽을지도 모른다. 내가 관찰한 강도 너무나 오염되어서 냄새가 났다. 그런데 고기가 살고 있었다. 참 대단했다. 그러나 계속 오염되면 죽음의 강이 될 것이라 생각한다.

(경산 중앙 초등학교 6학년 이명훈 1993. 4. 8.)

교통 규칙을 잘 지키나?

밖에서 하는 재미있는 숙제를 내줄 때마다 걱정되는 것 가운데 하나가 혹시 교통사고라도 나면 어쩌나 하는 것이다. 하루에도 여러 명이 교통사고로 목숨을 잃는데 걱정이 안 될 수 있겠나. 더구나 텔레비전에서 끔찍한 교통사고 소식을 보고 나면 차 타는 것이 정말 두렵다.

시내버스를 타고 시내를 벗어날 때 보면 시간이 급한 버스들은 아예 중앙선을 넘어서 막 달려가기도 한다. 아찔한 순간이 참 많다. 횡단보도에서 푸른 신호가 들어오기를 기다리며 서 있어 보면 교통사고는 너무 서두르는 데서 오는 것이구나 하는 것을 느낄 수 있다. 차들은 푸른 신호가 끝나기 전부터 뭉게뭉게 밀고 들어온다. 어떤 차는 그대로 달려가는 것도 있다. 횡단보도를 건너는 사람은 푸른 신호가 들어오기 전부터 찻길에 내려선다. 도무지 느긋하게 기다릴 줄 모른다. 시외로 나가 보면 표지판에 제한속도가 있는데 그 속도를 지키는 차가 별로 없다는 걸 알 수 있다. 그 속도를 지키면 오히려 뒤차가 빨리 안 간다고 야단이다. 가벼운 교통사고가 나서 길 가운데 차를 세워 놓고 싸우는 것을 보면 서로 양보심이 없어 그렇구나 하는 것도 알 수 있다. 하지만 양보해 주다 보면 오히려 바보가 되는 판이니 문제다. 택시를 타고 보면 사람들이 적은 곳에서나, 교통순경이 뜸한 밤중에는 과속, 신호 위반은 예사다.

그러니 우리 아이들에게 '교통 규칙을 잘 지키나?' '어긴다면 어떤 식으로 어기고 있나?' 또 조사하는 곳의 주변 상황, 사람들 모습, 규칙을 어긴 사람의 모습 따위를 조사하게 해서 교통사고 위험성에 대한 것을 깨우쳐 주어야 한다. 또 우리 아이들은 요즘 어른 같이 교통 규칙을 어기는 사람이 되지 않도록 해야 한다. '교통 규칙을 지켜라, 차 조심하라' 백번 하는 것보다는 깨우침이 클 것이다. 그리고 교통에 대한 새로운 대책 같은 것도 생각해 보게 해서 아이들이 어른이 되었을 때는 아주 새로운 교통 정책 같은 것이 나오면 얼마나 좋겠나.

버스 신호 무시, 새치기 일인자

오늘의 재미 숙제는 교통에 관한 것들을 조사하는 것이다. 시장을 갔다 오다가 마침 재미 숙제가 생각났다. 그래서 초원 하이 앞 큰길 옆에서 차들이 다니는 모습을 보려고 잘 보이는 곳을 찾아 앉았다. 지나가는 사람이 모두 한 번씩 나를 뚫어져라 쳐다보고 갔다. 규칙을 지키지 않고 어기는 사람이 있어 나 혼자 중얼거렸다가 운전수에게 눈총까지 받기도 했다.

큰길에 나간 시각은 정확히 4시 2분이었다. 턱을 괴고 넋 나간 듯이 차가 다니는 모습만 구경했다. 그사이 한 시간에 내가 본 차들은 버스 36대, 승용차 92대, 트럭 7대였다. 아니 내가 잠시 한눈판 사이에 몇 대가 더 지나갔을지도 모른다. 총 135대 중 24대가 교통질서를 지키지 않았다. 그중 버스가 가장 많이 규칙을 어겼으며 다음이 승용차, 마지막이 큰 화물 트럭이었다.

내 눈에 가장 먼저 뜨인 모습은, 뒤에서 오던 차가 좀 빨리 가려고 이리저리 왔다 갔다 하더니 갑자기 르망 앞으로 쏙 새치기를 하는 것이다. 새치기 당한 차는 얼떨결에 당한 새치기에 놀란 건지 아니면 화가 나선지 모든 사람이 들으라는 식으로 '빵빵빵'거렸다. 정말 새치기 당한 차는 어처구니가 없을 거다. 더 심했으면 사고가 났을지도 모르는 일이다. 너무나 아슬아슬한 일이다.

다음은 아직 차가 가서는 안 될 신호인데 지나가는 것이다. 신호 앞에는 파란색의 소나타가 대기하고 있었다. 소나타 운전석에 앉아 있던 아저씨는 유리문에 팔을 올리고 기대어 담배를 뻐끔뻐끔 피우고 있더니 갑자기 인상을 팍 쓰고는 "에이 씨발 퉤이, 경찰도 없네." 하며 요리조리 눈알을 굴리더니 빠른 속도로 달렸다. 그런데 반대쪽에서 멋도 모르고 달려 나오던 여자 운전수의 차와 박을 뻔한 것이다. 다행히 여자 운전수가 천천히 차를 몰다 소나타를 발견하고 섰기 때문에 사고는 나지 않은 것이다. "아휴 다행이다." 하고 마음 놓은 뒤 뒤로 봤더니 소나타는 어느샌가 가고 없었다.

'도대체 이런 사람이 차를 어떻게 몰고 다녀. 이런 사람들의 차는 모두 빼앗아야 된다.'

그 밖의 차들은 거의 비슷한 위반이었다. 사람이 건너는 파란불인데 신경 쓰지 않고 마구 달려 나가는 것이다. 지나가려는 사람들은 얼마나 놀랬으면 길 가다 말고 "저런 인간의 차는 당장 빼앗아가 조뿌자야 된다. 신호도 지킬 줄 모르는 인간……. 아휴, 죽을 뻔했네." 하며 그 차에게 욕이란 욕은 다 해댔다.

그런데 생각보다는 신호 위반 차가 적었다. 나는 대부분의 차가 조금씩의 위반은 할 거라고 생각했는데 나와서 보니 생각이 틀렸다. 그러나 이것은 맞았다. 나오기 전에도 버스 운전수가 가장 난폭할 것이라고 생각했는데 정말이었다. 다른 차가 조금이라도 자기 눈에 거슬리면 욕을 하고 빵빵거리고, 신호도 무시한다. 그러나 신호 위반하다가 경찰에 걸리면 아양 떠는 것은 최고였다. 그래도 트럭 운전수가 여유 만만하게 다른 차보다는 신호의 어김이 없었다.

여기에 몇 자 적어 본 것은 내 눈으로 본 모습만 적은 것이다. 사람이 안 보는 곳에서, 또 다른 여러 경우의 장소에서는 어떤 일이 벌어질지는 아무도 모른다. 텔레비전의 몰래카메라에 잡힌 모습을 보면 내가 실제로 본 것과는 아주 딴판으로 엉망인 걸로 알고 있다. 사실은 그게 더욱 큰일이다.

이번 숙제는 잘 못 한 것 같다. 그렇지만 숙제는 잘 못 하더라도 아예 교통사고란 것이 없었으면 좋겠다.

〈교통 규칙 어긴 내용〉

차 종류	지나간 대수	교통 규칙 어긴 내용
승용차	92대	대체로 신호 무시
		담배를 피우면서 운전하다가 길거리에 잘 버림

		가장 안 지킴
버스	36대	신호 무시
		난폭 운전
		새치기 일인자
		경찰에게 아양 떨기 최고
트럭	7대	내가 본 바로는 가장 잘 지킴
		텔레비전에서는 난폭 운전에 1, 2위쯤 됨
		내가 오늘 본 것으로는 몇 대가 신호 무시

(경산 중앙 초등학교 6학년 소미령 1993. 11. 28.)

큰 위반 했잖아요!

집에서 텔레비전을 보며 쉬고 있었다. 그런데 뉴스에서는 큰 교통사고 소식이 나오고 있었다. 그래서 갑자기 재미있는 숙제가 생각났다. 내일 할까도 하다가 내일은 미루어 놓았던 다른 일을 하기로 하고 집에서 아주 가까운 큰길로 나갔다. 이 도로는 4차선 도로인데 차가 아주 많이 다니는 곳으로 경산의 가장 중심지인 오거리와 이어져 있다. 그래서 이곳에 앉아 재미있는 숙제를 하기로 했다. 시간은 오후 세 시에 시작하여 네 시까지다.

동광 슈퍼 앞에 있는 의자에 앉아 기다렸다. 기다리면서 어떤 차가 어떤 특별한 행동을 하는지 눈이 빠지게 바라보았다. 그러다 저 위의 횡단보도에서 '끼익' 하는 시끄러운 소리가 나서 그곳으로 달려가 보았다. 그런데 아무 일이 아니었다. 계속 기다렸다. 10분이 지나도, 30분이 넘어도 특별한 일은 없었다. 그러다 이번에는 그 횡단보도에서 사람들이 웅성거리는 소리가 들려왔다. 그것은 어떤 차 운전수가 신호등 없는 횡단보도에서 사람이 건너는데도 지나가려 하다가 사람들의 눈초리를 받고 있기 때문이었다. 이 횡단보도에는 신호등이 없어 전에도 사고가 난 적이 있다고 했다. 하여튼 이 운전수 아저씨가 조심했어야 했다. 신호등이 없으니 더더욱 조심해야 하는데 자기만 생각하고 지나가려 했기 때문에 사람들의 욕을 얻어먹는 것이다. 지나가던 사람들이 "어휴, 차를 몰고 다니려면 똑바로 운전해야지 뭐 하는 거야." 하며 눈치를 주니 그 운전수 아저씨는 고개를 푹 숙이고 있다가 사람이 다 지나가자 천천히 다시 차를 몰고 지나갔다. 하마터면 사고 날 뻔했다.

또 다음에 위반한 차는 횡단보도의 가운데 갈라서서 사람들이 가는 길을 방해하는 것이다. 지나가던 한 아저씨가 차 앞머리를 두 번 두드리시고는 "어이 아저씨, 빨리빨리 좀 지나가요. 우리가 불편하잖아요." 하니 그제서야 세게 지나가다가 교통경찰 아저씨께 걸려서 면허증을 보여 주는 꼴이 되고 말았다.

횡단보도에서 트럭 두 대가 위반을 했다. 또 다음은 승용차가 좌측으로 비틀어 가는데 아저씨가 가려던 그 길에서 승용차가 다시 오는 바람에 사고가 날 뻔했다. 이 아저씨는 놀랐는지 문을 열고 나와서는 "뭐야! 조금 쉬다가 좌우 살펴보고 가는 거 몰라?" 하면서 소리소리 다 질렀다. 그러자 위빈한 아저씨는 그래도 힐 말은 있는지 "당신이 조금 쉬다가 금방 브레이크 밟지 그러우." 하면서 대꾸를 하는 것이다.

"아니 뭐야! 이 양반이 보자 보자 하니까……. 여기서 한판 하자는 거 아니야. 한판 해볼래?"

"그래, 해보자! 고거 가지고 되게 그러네. 치사하다, 치사해. 그래 어디 한번 해보자!"

그래서 싸움이 일어났다. 그 두 사람의 차 때문에 그 근처에는 이리저리 비키기도 못하고, 막히고, 돌아가기도 했다. 싸움이 일어난 지 20분이 되었을까? 죽 둘러싸고 구경하던 사람들 가운데 몇 사람이 "이봐요, 빨리 좀 갑시다!" "갑시다!" 하며 항의를 했다. 그 두 사람은 "아이 재수가 없으려니까 별일 다 생기네." 하며 갔다. 두 사람 다 위반 안 했다고 하면서 가는데 "큰 위반 했잖아요!"

길 가운데서 싸움을 해 교통을 시끄럽게 만든 것은 아주 큰 위반 중에 하나다. 차는 트럭 석 대, 승용차 두 대가 위반을 했고, 사람들도 많은 위반을 하고 다녔다. 횡단보도까지 가기 싫어 그 중간에서 차가 오는데도 뛰어가는 사람, 인도가 아닌 찻길로 걸어가는 사람, 위반하는 사람이 많았다. 이런 교통 위반을 하기 전과 한 뒤의 기분은 어떨까? 편하기 위해 위반을 하다가는 자기도 죽고 남도 죽게 만든다는 걸 알아야 한다. '나 하나쯤이야.' 하는 생각도 버려야 한다.

총 179대 중 내 지식으로 본 위반 차는 다섯 대다. 이 사람들은 자기만 생각하지 말고 다른 사람을 먼저 생각하고 운전해야 한다고 생각한다. 우리들이 모두 힘써서 교통질서를 어지럽히지 말고, 사고 없는 나라로 만들었으면 좋겠다.

(경산 중앙 초등학교 6학년 이미례 1993. 11. 28.)

손톱에 봉숭아 꽃물 들이기

사람에게 자기 몸을 아름답게 꾸미려는 본능이 있는지는 모르지만 요즘 들어 필요 이상으로 야단스레 꾸미는 사람들이 많다. 그래서 아름답기는커녕 사람 본디 모습도 묻혀 버리고 정신까지도 묻혀 버릴 지경이다.

옛날 우리 누나 언니들은 장독대 옆에 핀 봉숭아꽃을 따서 손톱에 은은하게 물들이곤 했는데 그 예쁜 모습이 아직도 눈앞에서 지워지지 않는다. 우리도 조상들 숨결이 배어 있는 꽃, 우리들 마음의 고향 같은 봉숭아꽃에서 나오는 불그레한 꽃물을 예쁜 손톱에다 들여 보자. 정성껏 물들이는 동안 아이들 마음은 정겹고 따뜻하게 될 것이다.

먼저 붉은 봉숭아꽃에다 잎도 몇 개 따 넣고, 명반과 소금을 조금 넣어 찧는다. 그렇게 찧은 것을 물들이기 원하는 손톱에다 얹고 봉숭아잎이나 비닐로 싸서 실로 묶어 두세 시간 있으면 곱게 물이

든다.

언니(누나)나 어머니와 같이 하도록 함이 좋고, 식구 모두가 같이 하면 더욱 좋을 것이다. 이 숙제를 하도록 할 때는 교사도 해 보이는 것이 좋다. 요즘 화려한 꽃들에게 자리를 빼앗겨 봉숭아꽃을 보기가 힘들게 되었다. 봄에 미리 봉숭아를 가꾸는 일부터 시작해 보자.

봉숭아 꽃물은 선조들의 정신

'오늘 손가락에 봉숭아 꽃물을 들여야 되겠다.'

이렇게 생각하고 김경희 집에 갈라고 하니 어머니가 숙제인 줄 알고 꽃을 따 왔다고 하셨다. 돌 같은 걸로 빻았다.

"어느 손가락에 해 주꼬? 중간에 해 주까?"

"어, 중간에 해 도."

어머니가 중지를 잡고 빻은 것을 올려놓더니 잎으로 싸 묶고 또 튼튼하라고 실로 꽁꽁 묶었다.

"야! 이제야 됐다. 근데 엄마, 이거 몇 시간 있어야 되노?"

"한 한 시간 정도 있으면 되겠지."

"어휴 한 시간 정도나. 근데 내 기분이 왜 이렇게 옛날로 돌아간 것 같노."

한 한 시간 정도 되어 푸니 잘 되어 있었다.

"우와! 요즘 사람들은 이런 자연의 순수한 색을 찾지 않고 매니큐어를 바르고 있지. 그리고 우리나라 사람들은 편한 것만 찾고 큰일이다."

매니큐어는 잘 지워지지만 이 봉숭아 꽃물은 우리 선조들의 정신같이 영원히 안 지워질 것이다. (경산 부림 초등학교 4학년 박재영 1990. 9. 2.)

너거 선생님 히안하네

봉숭아꽃을 뜯어 와서 보니 분홍색깔밖에 없었다.

엄마가 "봉숭아꽃 색깔 이런 거 가지고 오면 색깔이 잘 안 난다." 하셨다. 또 "너거 선생님 히안하네. 이런 숙제도 다 내고." 하셨다.

나는 빨리 봉숭아 꽃물 들이기를 해 돌라고 하였다. 엄마가 그릇에 식초를 조금 넣고 봉숭아를 넣어서 숟가락으로 누르거나 비벼서 손톱에 조금 놓으니 시원하였다. 30분쯤 지나니까 엄마가 "어서 빨리 봉숭아 빼라." 하셨다.

나는 조금 있다 봉숭아를 빼어 보니 잘 되어 있었다. 아버지께서 "잘 되었네. 어서 일기 써라." 하셨다.

나는 일기를 썼다. 봉숭아 물들이기가 참 재미있었다.

(경산 부림 초등학교 4학년 김지영 1990. 9. 2.)

맨발로 걸어 보기

재미있는 숙제에서 식구들 발 그리기, 부모님 발 씻어 드리기에 이어 이번에 맨발로 걸어 보기로 발에 대한 숙제가 벌써 세 번째다. 특별한 뜻이 있어서 그렇게 한 것은 아니다. 발은 여름이나 겨울이나 아무리 철이 바뀌어도 양말 속에 갇혀 산다. 그 무더운 여름에 시원하게 바람도 못 쏘이고 갇혀 살자니 얼마나 답답하겠나. 그러니 발도 이제는 감각이 무디어져서 그러려니 하고 살겠지. 감각이 무디어지거나 잃기로 말하자면 혀보다 더한 것이 또 있을까.

온갖 식품에는 단것 일색이다. 단것도 보통 달아서는 달다는 느낌을 못 느낄 정도니 어떻게 구수한 숭늉 맛을 알고, 고구마 맛을 알겠나. 눈도 그렇다. 이제 아주 현란한 색깔이 아니면 느끼지를 못하고, 온갖 자극적인 일들이 아니면 눈에 들어오지를 않게 되었다. 코도 그렇고, 귀도 그렇고, 우리 몸의 각 기관에서 제 감각을 지니고 있는 곳이 어디 있는지 찾아보아라. 이제 아이들에게 제 감각을 찾아 주기가 어려운 환경이 되었다. 그러나 몸부림을 쳐서 조금이라도 찾아 주어야 하지 않겠나. 그래 맨발로 걸어 보기 숙제를 내어 보았다. 모래흙에도 가 보고, 보드라운 흙에도 가 보고, 자갈밭에도 가 보고, 진흙에도 가 보도록 하자.

우리 반 아이들은 시멘트, 아스팔트 길도 걸어 보았는데 그런 곳도 한번 걸어 보도록 하자. 그래야만 흙이 얼마나 포근한 것인가도 알 것이다. 발뿐만 아니라 손으로 만져 보기, 혀로 자연의 맛 찾아보기, 눈으로 자연의 아름다움 찾아보기, 코로 꽃향기, 자연의 향기 맡아 보기, 흙에 뒹굴어 보기, 풀밭에 뒹굴어 보기, 흙장난하며 놀기, 물놀이……. 아이들에게 찾아 주어야 할 게 너무나 많다.

맨발로 걸어 다니는 세상을

학원에 갔다 오니 일곱 시쯤 되었다. 그래서 토요일, 일요일날 못 했던 맨발로 걷기 재미 숙제를 지금 막 하려고 한다. 나는 먼저 나가려고 슬리퍼부터 신었다.

밖의 날씨는 좀 추웠다. 그래서 양말까지 벗은 내 발이 시려웠다. 우리 집 현관문 앞에서부터 대문이 있는 곳까지 양손엔 슬리퍼를 들고 맨발로 내려왔다. 바닥이 차서 첫발을 디딜 때 낌찍 놀랐다. 인조 대리석이라 평평했다. 한여름에도 양말 신고 꼭 끼는 신발을 신어 바람이 잘 통하지 않았다. 참 답답했다. 신발도, 양말도 벗어던진 채 맨발로 걸어 가니 꽉 끼이지도 않고, 바람도 잘 통해서 기분이 아주 상쾌했다.

선생님께서 여러 곳을 맨발로 다니면 좋다고 하셔서 어딜 맨발로 걸어 볼까 생각해 보았다. 먼저 아스팔트 길을 걷고 그다음엔 자갈 위, 모래 위 이렇게 계획을 잡아 보았다. 아스팔트 길에서 촉감을 느끼기 위해 일부러 큰길까지 가지는 않았다. 우리 집 바로 앞이 아스팔트 길이기 때문이다. 아스팔트 길도 원래는 좀 평평해야 되는데 집 앞의 아스팔트 길은 좀 오래되었는지 움푹 패인 곳이 많았다. 그래서인지 발을 디디면 좀 아플 것 같았다. 용기를 내어 왼발을 디뎌 보았다. 군데군데에 울퉁불퉁 튀어나온 돌 때문에 발바닥이 아팠다. 하지만 꾹 참고 그 위를 걸어 보니 아무렇지도 않았다.

다시 신을 신고 모래와 자갈이 있는 곳으로 찾아갔다. 우리 집 앞에 있는 주택에서 공사를 하기 때문에 모래와 자갈이 있을 거라고 생각하고 어디에 있는지 이리저리 살펴보았다. 그런데 공사를 다 했는지 없었다. 재미 숙제는 이것으로 끝낼 수밖에 없다고 생각하며 집으로 들어오려는 순간 공사하는 소리가 들렸다. 보니 우리 집 옆에서 공사를 하는 것이다. 난 포기하지 않고 공사하는 쪽으로 가 보았다. 모래밖에 없었다. 이리저리 살펴보니 공사하는 아저씨들이 잠시 저녁 식사를 하러 갔는지, 아니면 잠시 쉬는지, 오늘 일을 끝내고 집으로 돌아갔는지 모르지만 아무튼 조용했다. 그래서 난 신을 벗고 모래 위로 올라갔다. 이리저리 걸어 보았다. 내가 어릴 때 모래 위에 맨발로 올라가 장난을 치며 놀았던 일이 생각났다. 모래 위를 걸어 보니 조금은 까끌까끌하지만 알갱이가 작아서 조금은 보드랍기도 했다. 그래서 간질간질한 것이 좋았다. 하지만 모래가 발가락 사이에 끼이니까 따끔따끔했다.

난 전번에 텔레비전에서 아프리카 사람들이 신을 신지 않고 다니는 것을 보고 그 사람들이 무식하다고 생각했다. 지금 생각해 보니 우리가 더 무식한 것 같다. 우린 발을 오히려 죽게 만든다. 양말을 신어 공기도 잘 통하질 않게 하고 신까지 신으니 말이다. 난 이렇게 생각하며 이 세상 사람들 모두가 신발과 양말을 벗어던지고 맨발로 걸어 다니는 세상을 머릿속에 그려 보았다.

세상 사람들 모두가 맨발로 걸어 다니는 세상이라……. 이 세상 사람들은 먼저 길거리를 자기 몸처럼 깨끗이 할 것이다. 맨발로 다니다가 잘못해 유리 조각에 찔리면 큰일난다는 것을 알기 때문이다. 그리고 양말과 신발을 신지 않으니 지금 어떻게 처리할까 걱정하고 있는 그 많은 쓰레기 중에 양말과 신발 종류의 쓰레기들이 더 이상 나오지 않으니 쓰레기 양도 줄어들게 된다. 그리고 맨발로 다니니 발이 더욱 건강해지고, 더불어 몸까지 건강해진다. 맨발로 다닌다면 나쁜 점보다 좋은 점이 더 많아질 것이다. 내가 생각해 봐도 정말 좋은 세상인 것 같다.

오랜만에 맨발로 걸어 보니 내 발의 감각이 살아 있는 것 같다. 보통 때 더럽다고 천대하던 발을 이해해 주고 발 나들이도 시켜 주니 나도 재미있었고 즐거웠다.　　　　(경산 중앙 초등학교 6학년 태혜선 1993. 10. 11.)

거룩한 명령과 맨발의 청춘

선생님께서 "오늘의 재미있는 숙제는 맨발로 다녀 보기다!" 이렇게 별난 숙제를 내어 주셨다.

난 이때 '멀쩡한 신발을 두고 맨발로 다니라니. 참 이상한 숙제 다 보겠다.' 하며 선생님 몰래 '흥' 콧방귀를 뀌었다. 하지만 세계 2차 대전 때 히틀러가 내리던 명령과 같은 우리 선생님의 명령이기 때문에 따를 수밖에 없다. 명령이라도 히틀러하고는 질적으로 다른 거룩한 명령이기 때문에 더 열심히 해야 한다.

난 '맨발의 청춘' 숙제를 명훈이와 라면을 사러 갈 때부터 시작했다. 맨발로 학교 계단을 밟으니 왠지 차갑고 딱딱했으며, 또 한편으로는 시원하기도 했다. 복도를 지나가던 선생님께서 "자들 와 저카노." 하시며 나와 명훈이에게 물으셨다. 부끄러워서 빨리 뛰어간다고 정신이 없었기 때문에 선생님의 물음에 말씀을 드리지도 못했다.

드디어 운동장이 나왔다. 난 거기까지 가서 계속 뛸까, 말까 하며 잠시 서서 생각했다. 운동장에는 뾰족한 돌이나 유리 조각이 많기 때문이다. 하지만 명훈이가 계속 뛰어가자고 하며 먼저 뛰어가기 시작했다. 그래서 나도 '에라 모르겠다.' 하고 라면을 파는 문방구를 향하여 달렸다. 발바닥이 따끔따끔하고 무엇이 콕콕 쑤시는 것 같았다. 하지만 발바닥의 아픔보다는 하교하는 여러 아이들의 따가운 눈초리 때문에 겁이 나고 마음이 콩알만 해졌다. 따가운 눈초리뿐만이 아니고 어떤 아이는 "야, 너희들 뭐 하노. 맨발의 청춘 하나?" 하며 놀리듯이 말하는 아이들도 있었다. 운동장을 뛸 때 발소리가 신발 신은 발보다 적게 나고 속력도 빨라진 것 같았다. 난 교문 앞에서 신발과 양말을 신었다. 첫 번째 '맨발의 청춘' 숙제는 여기서 마쳤다.

두 번째 '맨발의 청춘' 숙제는 강둑에 가기 전에 약 60미터 떨어진 흙골목에서 시작했다. 나의 옆에는 성현이도 있었다. 우리들은 양말과 신발을 벗어 들었다. 보드라운 흙을 밟으니 보드랍고 포근한 느낌이 온몸에 느껴졌다. 또 한편으로는 차갑기도 하였다. 난 이 느낌 좋은 흙을 계속 밟았다.

흙을 계속 밟다가 성현이가 "동윤아, 어지간히 밟고 가자." 하고 말했다. 난 고개를 아래위로 끄덕이며 둑으로 걸어갔다. 둑 앞의 울퉁불

통한 돌을 밟으니 붕 뜨는 느낌이 들고 발바닥이 좀 아팠다. 강을 건널 때에는 물이 흘러서인지 매우 차갑고 무엇인가가 잡아당기는 듯한 느낌이 들었다.

강을 건너고 나서 계속 걸어가 보니 푸르스름하고 뾰족한 돌을 깔아 놓은 길이 나왔다. 난 겁이 덜컥 났지만 다치지 않기를 빌며 뾰족한 돌 위를 걸었다. 가시가 나의 발바닥에 사정없이 꽂히는 것 같았다. 또 돌이 차갑기는 했지만 따가웠기 때문에 온몸에 열이 달아올랐다. 난 너무 따가워서 빨리 뛰어 겨우 이 뾰족한 돌들이 있는 곳을 지나왔다.

지나고 보니 앞에 모래알보다 조금 더 큰 자갈들이 박힌 시멘트 길이 나왔다. 밟고 지나가니 차갑고 울퉁불퉁해서 따가운 느낌도 조금 들었다. 난 '맨발의 청춘' 숙제는 이쯤 해 두고 양말과 신발을 신고 집으로 왔다.

재미있는 숙제를 하니 발바닥에 껍질이 좀 까지고 아프기는 했지만 재미있었고, 크고 중요한 것을 느꼈다. 내가 오늘 밟은 땅 중에서 흙이 있는 곳은 딱 한 군데밖에 없다. 운동장에도 흙이 있었지만 흙보다 자갈이 많았기 때문에 자갈 깔린 길이라 하는 것이 좋겠다.

요즘에는 흙이 없어지고 있는 것만 같다. 흙이 만들어지려면 몇천 년 아니 몇익 년이 길릴지도 모를 깃인데……. 이렇게 만들어지는 흙이 귀한 줄 모르고 흙 위에다 시멘트나 아스팔트를 깔다니, 어른들이 어리석게만 생각된다. 지금부터라도 흙을 없애지 말았으면 좋겠다.

(경산 중앙 초등학교 6학년 강동윤 1993. 10. 9.)

추석날 할아버지 할머니 살아오신 이야기 듣기

　무슨 일이든지 세월이 가면 기억에서조차 지워진다. 가깝게는 몇 년 전에 돌아가신 부모님도 잊고 지낸다. 그런데 먼 조상 할아버지 할머니야 살았다는 흔적이나 알까 모르겠다. 친척들도 저마다 사는 데 바빠 설이나 추석 명절에 한자리에 모이지 않으면 어떻게 살아가는지조차 모르고 지낼 때가 많다. 그러니 모처럼 친척이 모두 모인 자리에서 웃어른들로부터 조상 할아버지 할머니가 살아온 이야기를 들으며 정을 좀 더 두텁게 하는 것도 좋으리라 본다. 조상의 뿌리에 대해서도 알아보고, 이름자도 써 보고, 친척 관계(촌수)도 알아보고, 조상 할아버지 할머니의 어린 시절부터 세상 떠날 때까지 살아온 이야기, 또 지금 살아 계시는 할아버지 할머니 살아온 이야기 따위 이야기도 들어 보게 하는 것이다. 이야기를 들을 때는 어떤 이야기를 들려 달라고 해야 할 것인지 머릿속에 대충 계획이라도 세우도록 해야 한다.

우리 반에서 숙제를 낼 때 자세히 지도하지 않고 그냥 '조상에 대한 이야기 들어 오기'란 말만 던져 주었더니 들은 이야기 내용이 충실하지 못했다. 숙제를 낼 때 사전 지도가 그만큼 중요하다.

훌륭한 조상

"꼬꼬댁 꼬꼬 꾸욱꾸욱."

닭이 우는 소리 때문에 잠에서 깨어나 눈을 떠 보았다. 해가 방 안을 밝게 비추어 주었다.

'아 참, 재미 숙제 해야지. 선생님이 뭐라고 내주셨더라? 에잇 진작 메모를 해 올걸. 아 맞다, 이거지! 조상 이야기, 성, 훌륭한 인물, 그 시절 이야기 등등이지 싶다. 또 까먹어 버리기 전에 먼저 해 놓고 놀아야겠다.'

난 이렇게 생각하고는 바로 할아버지와 큰아버지, 아빠가 모여서 텔레비전을 보시며 이야기 나누시는 방으로 갔다. 조상에 대해 이야기 좀 해 달라고 말만 하면 되는데 용기가 나지 않아 말이 입에서 튀어나오지가 않는 것이었다. 나는 다시 한번 더 용기를 내어 말문을 열어 보았다.

"할아버지, 저 숙제를 해야 되는데 할아버지 도움이 필요해서 그러는데 좀 도와주실래요? 큰이비지, 이삐도 좀 도와주세요."

"오냐, 뭐길래 그러느냐?" 이러시며 할아버지께서 말씀하셨다.

"조상님들 이야기 같은 것, 그때 시절에 얽힌 이야기 같은 거요."

할아버지, 큰아버지, 아빠도 알겠다는 표정을 지으시며 고개를 끄덕이셨다. 서로들 막 말씀하셔서 메모하기가 여간 힘이 들지가 않았다.

내가 메모한 내용을 보면 이렇다. 우리 조상은 단군 할아버지이지만

'태'씨의 조상은 발해부터 이어져 내려왔다고 한다. '태'씨의 조상은 대조영이다. 발해국은 200여 년 동안은 그 땅을 지키며 살아왔지만 어느 날 갑자기 거란족의 침입을 당해 결국 망해 버렸다. 그래서 발해에서 살던 대조영의 자손들은 나라가 망하자 고려로 망명하게 되었다. 고려로 망명하면서 성 '大'에다 점 하나를 더 찍어 '太'씨로 성을 바꾸었다고 한다. 그리고 고려시대 태김치라는 장군이 있었는데 큰 공을 세웠다고 한다. 그 뒤 뚜렷한 인재는 없었다고 한다. 중시조 태두남 선생님도 손꼽히는 인물이라고 하셨다.

우리 아빠가 어렸을 때 아빠의 어머니, 즉 나의 할머니가 돌아가셔서 새어머니가 들어오셨다고 한다. 그리고 집이 가난해서 학교에 다니고 싶어도 중학교엘 가지 못했는데 친구들의 권유 때문에 겨우 중학교에 다니다가 학비를 내지 못해 다니다 말으셨다고 하셨다. 전번부터 죽 들어 본 이야기지만 이번에 더욱더 자세히 들어 보니 몰랐던 점을 좀 더 알게 되었다. 지금 살아 계시는 나의 할머니 배에서 태어난 고모들도 있지만 같은 한 가족임을 확실히 한번 더 느끼는 기회가 되었다. 그리고 우리 조상 중에는 그렇게 훌륭한 일을 한 분이 없다고 실망하고 있었지만 이번 이야기를 듣고 내가 잘못 생각했다는 걸 깨달았다. 훌륭한 인재가 아니라도 모두가 보람을 느끼며 하루하루를 살아 나가신 모든 분들이 훌륭한 조상임을 새삼 깨달았다.

아침부터 보람 있는 일을 해서 뜻깊은 추석 연휴를 보낸 것 같다.

(경산 중앙 초등학교 6학년 태혜선 1993. 10. 1.)

잉어랑 윤씨랑 깊은 인연이 있어

오늘은 진짜 추석날, 그래서 그런지 바빴던 어제보다도 더 바쁘게 움직였다. 부천 큰아빠 댁에 가서 차례를 지내야 했기 때문이다. 엄마께서 막 깨우시는 바람에 토끼 눈을 뜨고서 머리도 못 씻고 막 차를 타고 달렸다.

차례를 지내는데 나는 절도 못 하고 밖에서 보고만 있다가 문득 재미있는 숙제를 생각하게 되었다. '추석날 얽힌 우리 조상 얘기는 무얼까?' 생각하며 물어봐야지, 물어봐야지 했는데 차마 나서서 물어보지는 못했다. 교대 다니는 언니에게 재미 숙제 얘길 할려고 우리 선생님 얘길 하게 되었다. 그랬더니 언니는 해를 만난 해바라기처럼 계속 선생님 얘길 했다. 뭐《글쓰기 교육의 이론과 실제》1권을 읽고 있다면서 참 좋은 선생님을 만났다는 둥 계속 종알대었다. 그러다가 이상하게 이야기는 진행되어 글쓰기로 가게 되었고, 내게 처음으로 글쓰기를 가르쳐 주신 3학년 때의 조필남 선생님 얘길 하게 되었다. 그러다가 3학년 때 친구 환이 얘기가 나오게 되었고, 난데없이 조필남 선생님께서 "환이는 덕수 이씨라서 좋아."라는 말을 했다는 말이 나오면서 가문 얘길 하게 되었다. 참 이야기가 이상하게 진행되었다.

가문 애기에 열을 올리고 있는데 큰아버지께서 갑자기 술을 한잔 들이키시더니 난데없이 "어험, 뭐 덕수 이씨만 대단한 가문인가. 지현아, 우리 윤씨 집안도 대단한 집안이야. 윤보선 대통령도 윤씨지, 그리고 또 예전에 상감마마로 들어간 여자도 대부분이 윤씨였어. 기죽지 않아도 돼, 알겠지."라고 하셨다. 그리고 큰아빠는 자연스럽게 추석날에 얽힌 우리 윤씨 얘길 해 주셨다.

142

"우리 조상님이 추석날 고기잡이를 하러 갔단다. 어머니께서 편찮으셔서 약을 할려고 나간 것이지. 그런데 고기잡이를 하다 발을 잘못 디뎌서 빠졌는데 잉어가 구해 주었어. 그래서 우리 윤씨는 잉어를 아끼고 또 잡아먹지도 않는단다. 그리고 그날이 추석날이었거든. 그러니까 잉어랑, 윤씨랑 깊은 인연이 있는 것이야. 내가 쓸데없는 얘길 했나. 그럼 내가 옛날 우리 시대 때의 추석 지냈던 얘길 해 줄게. 우리가 어렸을 때의 추석날에는 떡할 밀가루, 쌀 그리고 콩고물이 없었기 때문에, 개떡 알지, 개떡. 쌀겨로 만드는 개떡을 해 먹었지. 난 그 개떡만 하면 좋아서 어쩔 줄 몰랐지. 그리고 우리 집은 니네 아빠, 그리고 큰아버지나, 고모 식구가 많아서 그나마 개떡도 넉넉히 먹지 못했어. 하지만 즐거웠지. 추석날이 되면 달도 보고, 소원도 빌고……."

큰아버지는 이렇게 말씀하시며 씁쓸한 웃음을 지으셨다. 김이 솔솔 나는 개떡, 그리고 때가 꼬질꼬질한 손으로 개떡을 먹는 모습이 눈에 선했다. 그리고 추석은 참 즐거운 것이라고 생각했다. 비록 개떡이었지만 옛날도 지금 못지않게 즐거웠을 것이다. 가장 풍성한 가을의 명절 추석, 추석이 되어 그 모습을 상상해 보니 그것도 괜찮았다. 그리고 개떡을 한번 먹어 봤으면 좋겠다. 단것만 먹던 우리 입이 당겨 줄지 모르겠지만 말이다.

(경산 중앙 초등학교 6학년 윤지현 1993. 9. 30.)

할아버지 할머니
도와드리기

제 몸을 제 마음대로 지탱할 수 없고 마음이 약해지고 상대해 주는 사람이 없을 때는 누구라도 소외감을 느끼게 된다. 우리 할아버지 할머니가 바로 그렇다.

아무리 편안하게 잘 모신다 해도 한 가족의 일원으로 당당한 자리에 두지 않고 한낱 힘없는 늙은이로만 생각한다면 얼마나 비참함을 느끼겠나. 그런데 요즘 가정은 극단적인 핵가족화가 되어 아이들은 자기도 나이가 많아져서 늙으면 할아버지 할머니가 된다는 것을 의식하지 못한다. 마치 영원히 늙지 않고 그대로 있을 것처럼 말이다. 그래서 나이 많은 할아버지 할머니를 아주 우습게 보는 경우가 많다. '할아버지 할머니 도와드리기' 숙제는 아이들에게 그런 잘못된 생각들을 스스로 깨닫게 할 수 있으리라 본다.

우리 반 아이들에게 숙제를 낼 때는 무턱대고 할아버지 할머니를 도와 보라는 식으로 말했는데, 도와드리기도 아주 조심해서 해야겠다 싶은 생각이 든다. 돕는다는 것이 오히려 할아버지 할머니 자존심을 상하게 할 수도 있기 때문이다. 처음에 다가가는 것부터 시작해서 적극적으로 돕는 것까지 아주 자연스러워야 한다. 돕는 방법은 여러 가지가 있다. 물건을 들어 드리는 것, 심부름해 드리는 것, 부축해 드리는 것, 일을 거들어 드리는 것도 있겠고, 일을 좀 도와 달라거나 이야기를 들려 달라는 것같이 오히려 일거리를 드려서 보람을 느끼도록 하는 방법도 있다.

여러 가지 경우의 예를 아이들에게 이야기해 주어서 상황에 따라 돕는 방법을 찾아서 하도록 하는 것이 좋겠다.

숙제를 도와주신 할머니도 고맙다

어제 못 한 노인 돕기를 하려고 점심을 먹고는 밖으로 뛰쳐나왔다. 나는 '해야 하는데.' 하는 마음가짐으로 우리 아파트인 101동을 두리번 두리번 둘러보았다. 그러나 어린아이도 없었다.

'왜 오늘은 안 나오노. 전엔 많이 나와서 이야기도 하던데……'

내가 반말을 써서 미안하지만 내가 찾아볼 때만 없어 화를 낸 것이다.

'요기에 없으니깐 102동으로 가야지.'

할아버지 할머니가 없긴 역시 마찬가지였다. 103동으로 갔다. 가는 길에 103동에서 아이들인지는 몰라도 노는 소리가 요란했다. 그래서 있나 보다 하고 막 뛰어갔다. 가다가 성욱이 할머니 할아버지가 시퍼런 보자기를 들고 가는 것을 보았다. 나는 103동에 갈까 말까 망설이다가 '모르겠다.' 하고는 할머니 할아버지 가까이에 갔다. 할머니 할아버지가 힘이 드는지 안 드는지 멍하게 쳐다보기만 했다. 나는 선생님이 내

주신 숙제를 꼭 해야겠다는 마음으로 할머니 할아버지 있는 쪽으로 더욱 가까이 갔다. 내가 가까이 가서 이상한 눈치를 보았기 때문에 때리지 않을까 하는 두려움이 생겼다. 그러나 나도 모르게 "안녕하세요?" 하는 인사가 나왔다. 할머니는 "왜?"라고 했다. 인사가 저절로 나오긴 해도 가슴이 두근두근거렸다. 가고 있는 할머니께 갑자기 또 말을 걸었다.

"할머니, 그 짐 무겁지 않으세요?"

"왜? 이 짐이 무거운 것 같으냐?"

'이거라도 들어야지.'

"그 짐이 무거워 보여서 좀 들어 드릴려고요."

할머니는 놀라운 표정을 지으시면서 "웬일로 니가 짐을 들어 줄려고 하니?"라고 하셨다. 나는 말이 잘 안 나와서 "학교에서요, 선생님께서 노인을 돕고 글을 써 보라고 했거덩요." 하고 말했다. 말이 끝나자마자 잘 됐다는 듯이 "그러면 짐 들어 볼래." 그러고는 할머니가 들고 계시던 보자기를 내게 건네주셨다. 나는 왼손으로 받아 오른손에 옮겨 들었다. 가다 보니 점점 오른팔이 아프고 손이 붉게 조금 들어갔다. 나는 "응 응……" 하면서 낑낑대었다.

'안 되겠나.' 그리고는 왼손으로 옮겼는데도 아팠다. 하버드 영수 학원에서 양손으로 꽉 쥐고는 '들어야지, 숙젠데.' 하고 중얼거렸다. 그런데 할머니가 들었는지 나를 보시더니 "무겁제? 고만해라."라고 하셨다. 나는 끙끙대면서도 "할 수 있어요." 하고는 독일 빵집까지 갔다. 할머니가 또 보시더니 "니 놀아야지. 이거 무거우니깐 조금만 들어라. 힘들제?"라고 하셨다. 나는 거짓말로 "괜찮아요. 정류장까지 들어 드리겠어요." 하면서 겉으로는 힘 안 드는 것처럼 표정을 지었다. 나는 빨리 정류장이 있었으면 하는 생각으로 힘이 들면 고개를 돌려서 끙끙거렸다. 그리고 힘 있는 데까지 빨리 걸었다.

마침내 정류장까지 왔다. 할머니는 "정류장까지 왔으니깐 짐 이리 다와." 했다. 나는 속 시원한 말투로 찡그리면서 "아구야!" 하고 보자기를 있는 힘 다해 들어서 할머니 왼팔에 쥐어 드렸다. 할머니는 좀 웃는 표정으로 "니 힘들었제. 내가 돈 주께 뭐 사 먹어라." 하셨다. 나는 받고 싶었지만 "안 조도 되는데요."라고 했다.

손을 보았다. 아직까지 붉은 손이었다. 나는 붉은 손을 꽉 쥐고 막 뛰었다. 짐을 들어서 팔과 다리는 아팠지만 내 용기와 노인 돕는 마음을 일깨워 주신 선생님이 고맙다. 또 나의 숙제를 도와주신 할머니도 고맙다.

(경산 중앙 초등학교 6학년 고성현 1993. 6. 27.)

뜻깊은 시간

나는 재미있는 숙제를 하기 위해 시장으로 향하였다. 시장으로 가는 길은 두 군데 있는데 나는 담뱃집 오른쪽 모퉁이로 들어갔다. 눈을 비비면서 걸어가다가 점점 걸음을 빨리하여 시장으로 향하였다. 길 끝 모퉁이 앞으로 걸어가면서 휘파람을 불었다. 아는 아저씨한테 인사를 하니 "오냐." 하고 대답하셨다.

길 오른쪽 모퉁이로 들어갈 때 내 앞으로 자전거 한 대가 지나갔다. 나는 감나무를 쳐다보면서 걸어가다가 서 있는 차에 박았다. 신경질이 났다. 선생님이 재미 숙제를 내주셔서 가다가 차에 박았기 때문이다. 길 모퉁이에서 앞으로 가 오른쪽으로 계속 걸어가 보니 '태극 가구'라는 간판이 붙여져 있었다. 거기서 오른쪽으로 걸어가면 시장 입구가 나온다. 어떤 꼬마 아이가 길 한복판에서 복숭아를 먹고 있었다. 나는 그 아이를 보고 고개를 갸우뚱거렸다. 시장 안으로 들어갔다. 시장 안에는 감자, 참외, 닭, 오이, 딸기, 수박, 상치, 미나리, 고등어 등을 팔고 있었다.

어떤 할머니가 무거운 짐을 들고 있었다. 그러나 그 옆엔 그 할머니의 손녀가 서 있어서 말을 못 하였다. 또 어떤 할머니가 만생당 약국 앞에 앉아서 담배를 빼꿈빼꿈 피고 계셨다. 그 할머니 옆에도 무거운 짐이 있었다. 나는 할머니 옆으로 다가가서 "할머니, 옆에 있는 짐 좀 들어 드릴까요?" 하니 할머니는 "아니다, 놔또라." 하고 잘라 말했다.

다른 곳으로 가 보았다. 괜히 재미 숙제가 하기 싫었다. 나는 다시 어떤 할머니 두 분한테 도전을 하였다. "할머니, 짐 좀 들어 드릴까요?" 하니 할머니는 "안 된다. 마 놔또라." 하고 또 잘라 말했다.

나는 한숨을 쉬며 할머니를 찾아 돌아다녔다. 20분이 지나도 한 사람의 짐도 들어 주지 못하였다. 집에 가고 싶었지만 끝까지 하려고 계속 할머니를 찾으러 돌아다녔다.

다시 어떤 할머니에게 도전을 해 보았다.

"할머니, 할머니, 짐 좀 들어 드릴까요?"

"으응, 괜찮나."

"그래도예."

"하나도 안 무겁다."

나는 다리가 아파서 한성 식육점 밑에 앉아 다리를 주물렀다. 50분이 지났다. 나는 자리에서 일어나 다시 할머니들을 찾으러 돌아다녔다. 이번에는 색다르게 어떤 아줌마에게 다가가서 말을 걸었다.

"아줌마, 짐 좀 들어 드릴까요?"

하니 아줌마는 놀란 목소리로 대답했다.

"으응, 됐다."

그 아줌마는 다시 뒤를 돌아보면서 "왜?" 하고 물었다. 나는 다리를 약간 떨면서 "아니예요. 그냥 가세요." 하고 말했다. 내가 씩씩거리면서 걸어가니 아줌마가 뒤를 돌아보았다. 나는 무서워서 빨리 뛰었다.

한 시간이 지났다. 그래도 아무 효과가 없었다. 길을 걸어가다 보니 고소한 냄새가 내 코를 찔렀다. 그건 바로 번데기 냄새였다. 나는 포기하지 않고 계속 할머니들을 찾으러 돌아다녔다. 장사하는 할머니들의 모습을 보니 손이 다 부르터 있었다. 어떤 아주머니에게 다가가서 "아주머니, 짐 좀 들어 드릴게요." 하니 "으응, 괜찮다." 하는 것이다. 나는 다리가 아파서 찔룩찔룩거리면서 집으로 향하였다.

또 어떤 아줌마 옆으로 가서 "아줌마, 짐 좀 들어 드릴까요?" 하니 아주머니께서 "됐다." 나는 "그래도예." 하니 상냥한 목소리로 "마 됐다. 하나도 안 무겁다." 아줌마가 길 모퉁이를 돌아가다가 나보고 "니 5학년이가?" 하고 물었다.

"아니요, 6학년인데요."

"니 경북 부설 유치원에 다녔제?"

"예."

그러고는 헤어졌다.

오늘 비록 짐은 못 들어 주었지만 정말 뜻깊은 시간이었다.

(경산 중앙 초등학교 6학년 정승욱 1993. 6. 26.)

우리 옷에 우리말이 있는가?

옷이 날개라는 말이 있다. 옷이 그 사람을 돋보이게도 하고 우습게 보이게도 한다는 뜻이겠지. 그리고 옷을 보면 그 사람 인격이나 사람 됨됨이도 알 수 있다. 또 한 민족의 생활 문화에서 큰 부분을 차지하기도 한다.

그런데 요즘 아이들 옷차림을 보면 그만 눈에 거슬린다. 내가 아이들 정서를 몰라서 그렇겠지 생각해도 마찬가지다. 가슴 부분이나 등에 대문짝만 하게 씌어 있는 영어나 어느 나라 말인지도 모르는 말들이 가득하다. 거기디가 옷에 그려진 그림도 우리 정서가 담겨진 그림이 아니다. 그것뿐 아니라 상표에 쓰인 글씨도 대부분 영어다. 그러니 우리나라 말이나 그림을 찾아보기란 아주 힘들다. 옷 모양새도 그렇다. 그런데 아이들은 아주 예사롭게 여긴다. 아니 그것이 아예 멋이라 생각하는 아이도 많을 것이다. 이제는 그런 천박한 문화에 익숙해진 것이다.

이것은 문화의 종살이다. 주체적인 우리 문화가 다른 나라에게 야금야금 먹혀들어 가고 있다 해도 그렇게 정도가 넘치는 표현이 아닐 게다. 이런 잘못된 현실을 아이들 스스로 되돌아보는 기회를 자주 주어야 한다. 그 뜻을 잘 이야기해 주고, 우리 옷에 우리말이 얼마만큼 씌어 있나 찾아보도록 하는 것이다. 그리고 우리 그림이 얼마나 그려져 있는지도 찾아보도록 하면 좋겠다. 또 할 수만 있다면 우리 고유의 모양새가 나는 옷과 그렇지 못한 옷을 견주어 조사해 보고 우리 옷의 멋을 깨닫도록 하는 것도 좋겠다. 또 옷에다 우리 스스로 우리말, 우리 그림을 멋있게 그려 넣어 입어 보는 일도 하면 좋겠다.

정신을 정복당하고 있다

우리 집은 오늘 오후부터 정말 난리가 났다. 귀남이 아저씨로부터 전화를 받으시고 쑥덕쑥덕거리시던 아빠께서 갑작스럽게 "내일 속리산에 놀러 가야 되니까 오늘 숙제 다 해 놔. 또 내일 되어서 숙제 어쩌구저쩌구 하면 알아서 해." 하고 말씀하셨다. 아예 숙제는 생각도 안 하고 '내일 하면 되겠지.' 하고 여유 만만하게 있던 나는 아빠의 이야기를 듣고 갑자기 조급해졌다. 다른 숙제는 별로 없는데 내일로 미루었던 재미있는 숙제 때문이다.

옷장을 열어 다 휘저었다. 나는 보이는 것이 없었다. 보이는 것이라곤 옷 가운데 쓰인 글자와 상표밖에 없었다. 저녁 늦게 이런 짓을 했기 때문에 내일 놀러 가기 위해 즐겁게 김밥을 싸시던 엄마께서 이상하게 생각하고 와서는 소리를 꽥꽥 지르셨다.

"빨리 정리 안 해 놔? 왜 옷장을 열어서 난리야. 얼른 안 넣을래! 맞
구 싶어? 엄마가 오늘 옷장 정리해 놓았는데 도대체 어떡할라고 저
난리야, 응. 참 나……. 얼른 정리해! 어서!"

하지만 난 이런 엄마의 말씀이 귀에 들어오지 않았다. 나는 정말 너
무 바빴다. 시간은 늦었지, 거기다가 엄마께서 소리를 바락바락 지르시
니……. 그러나 엄마의 꾸중도 무릅쓰고 조사를 하였다. 그리고 표를
만들어 보았다.

〈한글로 씌어 있는 옷〉

한글	씌어 있는 곳(설명)
은하수	긴팔 파란 티셔츠 상표에 '은하수'라고 써 있음

〈외국어로 씌어 있는 옷〉

쓰인 곳	외국어	한글로 풀이	설명
상표에	NOUSSCOPALMS		갈색으로 된 겨울 잠바의 상표에 쓰임. 논노 옷인데 멋있게 보이려고 영어로 쓴 것임
	GRANDSLAM		회색 세타의 상표에 쓰임
	UNDERWOOD	숲속	티셔츠 상표에 쓰임
	LITTLE	작은	보라색 세타의 상표에 쓰임
옷 앞에 (멋으로)	SAILING	항해	갈색 잠바 앞에 쓰임
	WORLD CHAMPION	세계 최고 왕	줄무늬 세타 앞에 쓰임
	EUNGAHOUSE WORLD TOUR	은하수 세계 여행	파란 티셔츠에 쓰임
	COMFORTABLE ADVENTURE	편안한 모험	흰색 긴팔 티셔츠에 쓰임

이것이 내가 조사한 내용이다. 영어 풀이는 잠시 집에 와 있는 영어를 잘 아는 언니에게 물어서 해 보았다. 위에 보다시피 한글로 써도 될 것을 영어로 써 놓았다. 한글은 단 두 개다. 그것도 한 개의 상표만 한글이지 앞에는 영어로 써 놓았다. 그리고 나머지 한 개는 학원에서 받은 옷으로, 모르고 위에는 쓰지 않았는데 '열린 속셈 학원'이라는 글씨가 씌어 있다. 보다시피 순한글로 씌어진 옷은 단 한 개다. 외국어로 씌어진 옷은 위에 쓴 것뿐만이 아니고 더욱 많았지만 다 적지 않았다. 참, 이러고서도 우리가 한국 사람이라고 할 수 있는가? 많은 옷 중에서 과연 순우리말로만 씌어진 옷은 몇 벌이나 있겠는가!

우리 집의 이러한 실정을 알고 난 무척 부끄러웠다. 국산품을 애용하자고 늘 생각하며 지내 온 난데 이 모양이니 정말, 정말 실망이다. 파란색 티셔츠를 보면 알겠지만 상표는 한국말이면서 외국말로 써서 내놓다니 정말……. 생활필수품인 옷부터 외국어로 물들어 있는데 간판과 잡지들이 외국어라고 나무랄 수가 있겠는가! 그리고 요즘에는 사람들이 일본 잡지를 많이 본다고 어른들께서 말씀하시는 걸 들었다. 우리는 지금 일본에게 정복당하고 있는 것이 아닌지 모르겠다. 옛날에는 임진왜란, 일제 36년의 침략으로 우리나라가 지배당했으나 이제는 정신을 정복당하는 것이 아닌지 모르겠다. 한심할 뿐이다. 한국어로 쓸 수 있는 것은 영어보다는 한국어로 이쁘게 쓰고, 우리말, 우리 얼을 사랑했으면 좋겠다. (경산 중앙 초등학교 6학년 윤지현 1993. 10. 16.)

정말 바보 같다

나는 숙제를 잘 하기 위해 옷을 다 뒤져 볼려고 했는데 그것도 쉽지 않았다. 큰방의 어머니 아버지 옷은 농 안에 있는데 함부로 농문을 열 수가 없었다. 할 수 없이 우리 방 옷만 뒤져서 찾아보기로 하였다. 그런 데 언니가 한 말이 생각났다.

"내 옷 뒤졌다간 봐."

내 귓가에서 이 말이 무섭게 맴돌았다.

'읏, 안 되겠다. 내가 뒤졌다간 맞아 죽겠다.'

내 옷만 뒤져서 찾아보기로 하였다. 맨 마지막 서랍이 내 서랍인데 열어 보았다. 내 옷은 별로 없다. 그래서 겨울옷과 여름옷까지 합하여 찾아보기로 하였다. 옷을 볼 때마다 상표는 희미하거나 떨어졌고 아니 면 찢어져서 보기가 힘들었다. 넷째 언니가 대전 엑스포에 갔다가 받아 온 반팔 티에는 우리말로 '대전 엑스포'란 글자가 씌어 있었다. 또 노란 색 티에는 물이 그려져 있고 'SOS'라고 씌어 있다. 이 영어는 쉽다. 구 해 달라는 영어다.

이런 걸 보면서 나는 '설마 내 옷의 상표나 옷에 영어가 씌어 있을 라구. 난 그런 옷 별로 없을 거야.' 하며 자신만만해했다. 그런데 내가 가장 좋아하는 파란 줄무늬 티에는 한쪽 가슴에 'eesgle yacohl' 이렇 게 씌어 있다. 언니들도 무슨 글잔지 잘 모르겠다고 했다. 영어가 많이 닐려 씌어 있기 때문이다. 이밖에는 별로 없고 해서 녹색 줄무늬 남방 을 보았다. 그 옷에는 영어는 씌어 있지 않았다. 그 대신 상표에는 대충 'Balhhah〔대도 성한 패션〕'이라고 씌어 있었다. 이것도 영어가 너무 날 려 씌어 있었기 때문에 해석하기가 무척 힘들었다. 그리고 옮겨 쓰기도 힘들었다. 옆에 '대도 성한 패션'이라 씌어 있는 걸 보니 그 뜻은 바로 그것이 아닐까 싶은데 모르겠다.

다음으로는 칼라가 매우 큰 블라우스를 보았다. 그 블라우스는 칼라도 크고 끈까지 달려 있어서 정말 이쁘다. 그래서 그 블라우스는 내가 좋아하는 옷 가운데 하나다. 그 옷에는 영어는 없지만 상표는 영어다. 'Goldehbll(브르뎅)'이란 영어가 씌어 있다. 다음으로는 여름방학 때 자주 입는 티인데 그 티의 상표는 블라우스랑 같은 'Goldehbll(브르뎅)'이다. 그 외 다른 영어는 없다. 다음은 흰색 티인데 칼라가 직삼각형이고 블라우스만큼 길고 크다. 단추는 다섯 개나 된다. 그리고 단추 잠그는 곳은 겨우 10센티미터밖에 안 된다. 손목에는 10센티미터 정도 접혀 있고 또 조금은 찢어져 있다. 언니랑 내가 서로 입으려고 안달인 그런 티이기도 하다. 상표를 보았다. 설마 하며 보았는데 역시였다. 이상한 영어인데 대충 'agly' 이렇게 씌어 있다.

실망은 차츰 커져만 갔다. 더 이상 찾고 싶지도 않았다. 하지만 조금 더 찾아보면 우리말로 쓰인 상표가 나올 것만 같았다. 그런데 내 옷이 점점 없어져 갔다. 다음에 또 흰색 티를 잡았다. 그 티도 역시 영어겠다 싶었다. 상표를 보았다. 역시 내 예감이 맞았다. 대충 'TOMBOY' 이렇게 씌어 있었다. 이 티는 내가 별로 좋아하지 않는 것이라서 별로일 것 같았는데 기분은 역시 불쾌하고 좋지 않았다. 다음으로는 갈색과 검은색의 줄이 어울려진 무늬의 옷인데 그 옷은 조금은 남자 옷 같고, 또 오래되어서 영어 상표가 아닐 것 같았다.

그리고 그 옷은 내가 특히 좋아하는 옷이라서 만약 영어 글자가 나오면 기분이 매우 좋지 않고 속이 상할 것만 같았다. 그런데 보니 영어다. 기분이 매우 좋지 않았다. 그 영어의 내용은 대충 'lys iy??sa' 이렇게 씌어 있다. 나도 겨우 보고 그렸는데 맞는지도 모르겠다. 점점 힘이 빠졌다. 다음으로는 남색 반팔 남방이다. 블라우스만큼 칼라가 크고 흰색이다. 이것도 영어다. 모두 영어, 영어, 영어다. 이 영어는 대충 'Chadbs(찬스)'라고 씌어 있었다.

영어로 내 서랍이 가득 차 있었다. 첫 번째 서랍은 보기도 싫어서 쾅 닫아 버리고 두 번째 서랍을 열었다. 눈에 탁 띄는 흰색 남방을 집었다. 이 흰 남방은 언니 것인데 왜 여기에 있는지 모르겠다. 이 흰색 남방도 영어다. 이 남방에는 'cpowb(크라운)' 이렇게 씌어 있었다. 이 영어도 해석은 힘들었다. 잘 띄는 색인 노란색 티를 보았다. 이것도 평소에 좋아하던 티라 긴장이 되었다. 눈을 꼭 감고 상표 있는 곳을 찾아 천천히 눈을 떴다.

다행히 이 옷의 상표에는 영어가 아닌 우리나라 말로 씌어 있었다. 그것도 가을이면 주위에서 볼 수 있는 것이다. 바로 '허수아비'다. 우리말이 쓰인 것을 보니 새삼 기쁨을 느낄 수 있었다. 남색과 녹색의 줄무늬가 있는 남방을 보았다. 그 남방은 언니 것인데도 두 번째 서랍에 있었다. 어쨌든 이 남방을 보니 'EXIT' 이렇게 씌어 있었다.

옷장의 문을 열었다. 먼저 분홍빛의 정장을 보았다. 'geomls' 이렇게 씌어 있었다. 언니가 나에게 준 코트인데 갈색이다. 이 코트에는 'BE*IIOT' 이렇게 씌어 있었다. 그리고 잠바에는 'alleyleg'라고 씌어 있었다. 그 외 다른 옷은 언니 것이었다. 모든 것이 영어다. 영어, 영어, 영어, 영어, 머리가 복잡하다. 우리나라에서 만들었으면서 왜 우리나라 글이 아닌 영어를 써 놓았을까? 정말 바보 같다.

(경산 중앙 초등학교 6학년 김정남 1993. 10. 17.)

우리말 우리글 살려 쓰기

우리는 언제부턴가 우리말 대신에 한자말, 일본말, 서양말, 우리보다 잘사는 나라, 힘있는 나라 말을 쓰면 많이 아는 사람, 매우 높은 사람으로 자기도 모르게 생각하게 되었다. 도시 거리에 나서면 다른 나라에 왔나 싶을 정도로 우리말 간판을 찾아보기가 힘들다.

텔레비전은 다른 나라 말을 분별없이 옮길 뿐만 아니라 별 이상한 말까지 만들어 낸다. 이제 우리 정신마저도 다른 나라 정신에 밀려 나가 뿌리가 흔들릴 판이다. 그래서 우리말, 우리글 살려 쓰는 일은 다른 무엇보다도 중요한 일이다. 더구나 자라는 우리 아이들이 더 물들지 않게 해야 하는 일은 급하다.

아이들에게 우리가 생각 없이 쓰는 말 가운데 다른 나라 말이 얼마나 많은지 조사하게 하고 우리말로 바꾸어 보도록 하면 좋겠다 싶어 다음과 같은 몇 가지 방법을 궁리해 보았다.

(1) 우리가 보통 쓰는 말 가운데 다른 나라 말 열 개 조사하고 우

리말로 고치기

(2) 자기가 쓰는 말이나 주변 사람들 말을 옮겨 적어서 잘못 쓰인 말을 찾아 바르게 고치기

(3) 책, 시내 간판, 텔레비전, 물건 이름, 상표 따위에서 다른 나라 말 열 개를 조사하고 바르게 고치기

(4) 특정 직업에서 쓰는 말 가운데 다른 나라 말 열 개 조사하고 바르게 고치기

이런 숙제를 자주 내주어 우리말 우리글을 살려 쓰는 정신이 몸에 배도록 하여야 할 것이다. 아이들이 잘못된 말을 쓰는 것은 어른들 탓이다. 우리 교사들도 아이들에게 잘못된 말을 가르치지 않도록 이오덕 선생님이 쓴 《우리글 바로 쓰기》를 꼭 읽어 보기를 권한다.

다른 나라 말 조사

할배가 나락 뿌시레기를 싣기 위해 '리어카'를 가지고 오라고 하셨다. 나는 '리어카'를 '손수레'로 고쳐야 한다고 생각한다.

고모가 나보고 '요지' 가지고 오라고 했다. 나는 '요지'가 뭔가 몰라서 '이쑤시개'라고 했다. 나는 '요지'를 '이쑤시개'로 고쳐야 한다고 생각한다.

엄마가 손님이 오셨다고 나보고 '와라바시'를 가져오라고 했다. '와라바시'는 '나무젓가락'으로 고쳐야 한다.

시내에 가서 '냉커피'라는 말이 적혀 있는 것을 봤다. '냉커피'는 '찬커피'다.

아이들이 '다마 치기'를 하자고 했다. '다마'는 '구슬'이다.

텔레비전에 '라이언' 하는 말이 나왔다. '라이언'은 '사자'다.

명순이가 '닥깡'을 반찬으로 먹었다고 했다. '닥깡'은 '노란 무'다.

아저씨들이 말하는데 '키' 하며 말했다. '키'를 '열쇠'로 고쳤으면 한다.

할배가 나무를 자른다고 '거두' 가지고 오라고 하셨다. '거두'는 '톱'이다.

할매가 오늘 '뺀또' 싸 갔냐고 물으셨다. '뺀또'는 '도시락'으로 바꾸어야 한다.

엄마가 '냉수'를 떠오라고 하셨다. '냉수'는 '찬물'로 바꾸어야 한다.

나는 우리가 많이 쓰는 말 가운데서 몇 개 찾아보았는데 다른 나라 말이 너무 많다. 간판을 보면 다른 나라에 왔나 싶을 정도다. 우리나라 사람은 우리나라 말을 쓰자.

(경산 부림 초등학교 6학년 류호철)

나의 개인 연구 외래어 조사

1. 조사 동기

우리 주위에서 외래어를 쓰는 사람을 많이 보았다. 그래서 우리글 (말)을 살려 쓰자는 마음에서 조사해 보았다.

2. 조사 방법

⑴ 항상 수첩과 연필을 갖고 다니면서 외래어를 들을 때마다 적었다.

⑵ 텔레비전에서 외래어를 쓰는 경우를 조사했다.

3. 조사 결과

번호	외래어	바꾼 우리말	번호	외래어	바꾼 우리말
1	하우스	집	16	킹	왕

2	썬	태양	17	코펠	야외용 냄비
3	다마네기	양파	18	아이스크림	얼음과자
4	포니	조랑말	19	스푼	숟가락
5	뉴스	새 소식	20	키	열쇠
6	컨닝	옆 보기	21	릴레이	이어달리기
7	타임	시간	22	드림랜드	꿈동산
8	오디오	전축	23	펜슬	연필
9	펑크	구멍 나다	24	샘플	견본
10	닥터	의사	25	체인지	교대
11	뮤직	음악	26	스톱	멈춤
12	노트	공책	27	디스카운트	에누리
13	썬누드	일광욕	28	박스	상자
14	스케치북	그림공책	29	치킨	닭
15	라이온	사자	30	키스	입맞춤

4. 알게 된 점

(1) 우리 시골까지는 물론 텔레비전에서까지 우리말이 있는데 외래어를 쓰고 있다.

(2) 외래어를 쓰지 말고 우리글(말)을 살려 써야겠다.

(달성 논공 초등학교 6학년 손주영)

밥해 보기

언젠가 보이스카우트 야영하는 데 따라가 본 일이 있다. 여러 가지 활동이 있지만 다른 어떤 활동보다도 아이들이 직접 식사 준비를 하는 것만큼은 한 아이도 빠짐없이 아주 즐거워하는 모습이었다. 보통 때는 맛이 없어 먹을 것 같지 않은 밥이나 반찬을 그렇게 맛있게 먹을 수 없었다. 야외에서 먹는 맛 때문이기도 하겠지만 맛있든 맛없든 자기 손으로 만들었다는 그 기쁨으로 먹기 때문일 것이다. 그 기쁨을 맛보도록 해 보자.

보통 아이들은 집에서 어머니가 만들어 주는 음식을 놓고 맛있느니 맛없느니 투정을 부리기도 한다. 이때 자기가 직접 만들어 먹게 하면 쓰다 달다 말할 수가 없을 것이다. 어머니가 어디를 가서 늦게 오거나 며칠 어디에 갔을 때 우두커니 굶고 있지만 말고 스스로 해결할 수가 있어야 한다. 우리가 하루 세끼 먹는 밥쯤은 여자든 남자든 스스로 해 먹을 줄 알아야 하지 않겠나.

숙제를 낼 때 전기밥솥보다는 솥이나 냄비에 해 보도록 하고, 반찬도 가공식품으로 하지 말고 자연산으로 만들도록 조건을 정해 주는 것이 좋겠다. 고학년 같으면 상까지 차려서 식구들 앞에 내어 놓도록 하면 더욱 좋겠고, 저학년은 쌀 씻어 보기, 파 다듬기, 무 썰어 보기, 고기 구워 보기 따위 아주 간단한 것을 숙제로 내주는 것이 좋겠다. 아이들 하는 일이 좀 서툴고 실수를 하더라도 나무라지 말고 격려해 주어야 함은 물론이다. 실패는 성공에 이르는 좋은 공부가 되기 때문이다.

이제 니가 매일 밥 지어라

아휴, 태어나서 처음으로 해 보는 음식 만들기다. 할 수 있는 거라곤 계란 요리와 라면뿐이다.

'잘못하다가 밥이라도 태우면 어떡하나. 그리고 반찬은 뭘 해?'

이래저래 고민이 되었다.

지금 이 시간은 동생과 나뿐이다. 하지만 밥을 태우면 동생이 엄마한테 고자질할 텐데……. 밥을 태워서 심하게 꾸중 들을 생각을 하니 동생이 괜히 미워졌다. 그래서 머리를 쥐어박았다. 놀란 동생이 "어휴, 깜짝이야. 가만히 있는 사람을 왜 꿀밤을 때리는데? 아파서 죽겠네."

나는 저절로 웃음이 나왔다. 서둘러 준비했다. 그리고 동생에게 당부를 했다.

"야, 옥자야, 내가 만약에 밥을 태워도 엄마한테 이야기하면 안 된다. 알았제? 만약 이야기하면 어떻게 되는지 잘 알제."

그러니 입을 꾹 다물고 있었다.

'물은 쌀의 양보다 더 많이 붓고 10분 동안만 기다리고 5분 동안 뜸 들이면 되겠지. 그런데 만약에 태우면…….'

앉으나 서나 밥을 태울까 봐 걱정이 되었다.

나는 밥이 어떻게 될지 조금도 생각하지 않고 TV에만 열중했다. 동생이 소리쳤다. "밥!" "아 참!" 깜짝 놀라 부엌으로 들어가 보니 덜 되지도 않고 타지도 않았다. 그때 기분이 얼마나 좋았던지 모른다. 처음 해 보는 것이라 다 태울 줄만 알았는데 기적처럼 조금도 태우지 않았으니 말이다. 밥을 다 짓고 나니 할머니께서 오셨다. 나는 내가 밥을 한 것이 너무 자랑스러워서 "할매, 내 있잖아 밥 하나도 안 태우고 밥 지었다." 자신만만하게 이야기를 했다. 할머니도 내가 밥 지은 것을 처음 보셔서 그런지 무척 흐뭇해하셨다.

"오늘 저녁은 나 때문에 저녁밥 안 해도 되겠네, 어험."

나는 헛기침을 했다. 이렇게 말하고 이제 반찬을 만들려고 마음먹었다. 밥을 성공할 수 있어서 그런지 자신감이 생겼다. 동생이 나에게 가장 쉬운 것을 선택하라고 했다.

"그래! 감자 요리를 해야지."

나는 감자를 채썰었다. 좀 서툴렀지만 재미있었다. 손을 벨까 봐 조심조심 다루었다. 그리곤 불에 달달 구웠다. 기름이 튀겨서 몹시 뜨거웠다. 가만히 하다 보니 신경질이 났다. '아휴 뜨거워. 내가 이런 고생을 해야 되나.' 하는 생각이 들었다.

'아니야, 기름 몇 번 튄 것 가지고 선생님을 원망하다니. 앗! 나의 실수.'

재료는 엄마가 소금만 들어가면 된다고 했지만 나는 좀 맛있게 하려고 간장과 참기름을 듬뿍 넣었다. 만들 땐 맛있게만 보였는데 먹어 보니 내 요리 솜씨가 이것밖에 안 되냐고 후회를 할 만큼 형편없이 짜웠다. 구토도 막 나왔다.

'이게 내 본 요리 솜씨야?'

몹시 후회가 되었다. 간장과 참기름만 넣지 않았어도 맛있는 요리를 만들 수 있었을 텐데 말이다. 내 옆에 있던 유리컵이 순간적으로 '쨍그랑' 깨어져 버렸다. 그때 얼마나 놀랐던지 숨이 넘어갈 뻔했다. 그 순간 언제 왔던지 엄마가 "아휴 은정아, 놀래라. 어디 다친 데는 없나?" 난 엄마한테 미안해서 "엄마, 미안."이라고 말했다. 그러나 엄마는

"우리 정이 밥했다며. 빨리 치우고 니가 해 준 밥 좀 먹어 보자."

나는 기쁜 마음으로 밥을 펐다. 밥이 뜨거워서 손이 딜 뻔하기도 했지만 신이 났다. '반찬만 조금 더 잘 만들었다면 더 좋을 텐데…….'라는 생각도 들었다.

"이제 니가 매일 밥 지어라."

"싫다."

동생이 웃으며 나에게 말했다.

"언니야, 그런데 엄마가 만든 거하고 언니야가 만든 밥하고 맛이 다르나."

"그런 게 어디 있는데. 밥맛은 다 똑같지."

엄마는 "은정이 만든 밥이 정말 최고다."

"그래도 이제부턴 내가 밥 안 할 거다."

엄마는 웃으며 나를 쳐다보았다.

내가 만든 밥을 먹으니 즐겁고 흐뭇하다. 그리고 나를 칭찬해 준 엄

마가 정말 고맙다. (경산 중앙 초등학교 6학년 은정 1993. 9. 4.)

니보고 이런 거 하라 카드나 어!

6시쯤 숙제를 할려고 알림장을 펼쳤다. 재미 숙제 '밥하기'가 적혀 있었다. 오늘은 모처럼 엄마도 나가셨다. 그래서 내가 밥하기로 했다. 먼저 밥을 할려고 쌀의 양을 알아야 하는데 난 우리 식구가 먹는 양을 잘 모른다. 그냥 대충 340그램을 해서 쌀을 씻었다. 엄마처럼 잘 되지 않았다. 쌀을 너무 험하게 씻어서 쌀알이 밖으로 다 나가 버렸다. 조심스럽게 한다는 게 자꾸 변덕스러운 일이 일어나기도 했다. 물을 손 중간쯤 오도록 해서 쌀을 압력밥솥에 넣었다. 혼자서 밥을 하려니 조금은 신이 났지만 또 조금은 두려웠다. 어차피 시작했는데 용기를 내어 열심히 하기로 했다. 뚜껑을 닫은 뒤 가스렌지에 불을 붙였다.

밥을 하면 선생님께서 반찬도 해 보라고 하셨다. 냉장고를 뒤져 보니 김치, 쥐포, 깍두기 등 네 가지 정도는 있었다. 그래서 내가 다시 계란후라이를 해서 상 위에 얹어 놓았다. 우리 집은 압력밥솥이라서 밥이 다 되면 '치카치카' 한다. 아직 밥이 덜 된 것 같아 부엌문을 닫고 밥이 될 때까지 텔레비전을 보고 있었다. 한참 지나자 엄마가 오셨다. 들어오시자마자 "무슨 냄새고?" 하셨다.

나는 깜짝 놀라 부엌으로 뛰어가니 밥솥에서 터져 나갈 것같이 힘차게 '치카치카' 했다. 밥솥에서는 탄 냄새가 났다. 뚜껑을 열어 보니 밑과 옆은 다 탔고 위에만 조금 안 탄 것이었다. 엄마가 날 보시며 "누가 어, 니보고 이런 거 하라 카드나 어!" 하며 집이 터져 나갈 정도로 말씀하셨다. 방에 들어가 있으니 아빠가 오셨다. 아빠는 들어오자마자 "무슨 냄새고?" 하셨다.

어차피 우리 가족은 내가 한 밥을 먹어야 했다. 아빠는 솥에 있는 누 룽지에 물을 조금 넣어 끓여 먹으셨다. 동생들은 나만 쳐다보면서 겨우 꾸격꾸격 씹어 먹었다. 나는 그냥 밥을 먹고 있는데 아빠가 잘 했다고 하셨다. 6학년 올라왔으면 이런 것도 해 봐야 된다고 하셨다. 나도 모르 게 기분이 좋았다. 엄마가 꾸중하셨을 때는 기분이 나빴지만 아빠는 내 마음을 알아주니 기분이 좋다.

공부도 하고 이런 일도 해 보면 좋은데 엄마는 무작정 공부하라니 한심하다. 또 뭐 이건 공부 아니고 뭐고. 밥을 하다 태우기는 했지만 이 젠 밥을 하는 방법을 다 알게 되었다. 자주 내가 밥하기 실습을 해 보아 야겠다.

(경산 중앙 초등학교 6학년 이신령 1993. 9. 4.)

우리 집은 외국 물건을
얼마나 쓰나?

우리가 조그만 물건을 살 때도 특별한 생각 없이 사 보면 일제 아니면 미제다. 요즘은 또 중국에서 농산물이 많이 들어와 멋모르고 사다가는 속기 십상이다. 이제는 우리 것이 귀하게 되었다. 아주 조그만 이쑤시개부터 학용품, 생활필수품에 이르기까지 온갖 수입품이 널려 있다.

어떤 식당에 들어가서 보니 젓가락이 중국산이다 싶어 "이거 중국에서 들어온 것이지요?" 하고 물으니까 "요즘 이런 거 안 쓰고 장사 못 합니다." 하는 것이다. 국산이 더 비싸다는 것이겠지. 그러면서 "우리도 좀 사 줘야 다른 나라들도 우리나라 물건 좀 사 주지요." 이러는 것이다. 맞는 말이라 해 두자. 그러나 어디 그런 정도인가? 외제라면 무조건 좋다 하고 사들이면서 우리 물건을 아주 업신여기는 그 정신이 문제 아닌가.

집집마다 외국 물품이 참 많다. 물론 사고 싶어서 산 것이 아니고 선물로 받은 것들도 많겠지. 이유야 어떻든 외국 물품 속에 파묻혀서 당연한 것인 양 살아가는 우리 아이들이 조금이라도 깨우칠 수 있도록 해 주어야 한다. 고학년 같으면 왜 국산품 애용을 해야 하는지 어느 정도 알고 있기 때문에 그냥 우리 집에 있는 외국 물품 조사만 시켜도 크게 깨닫는 바가 있고, 아주 어린 저학년은 왜 국산품을 애용해야 하는지를 잘 알아듣게 이야기해 준 뒤에 이 숙제를 내주는 것이 좋겠다.

야가, 야가, 없다 캉께 정말 그카 깨가!

재미 숙제를 하기 위해 이 방 저 방 다니며 외제를 찾기 시작했다. 부엌에서 물 끓이는 주전자를 찾았고, 엄마 방에서는 15년 전 오빠 다섯 살 때 산, 일본 글씨가 쓰인 드라이기를 찾았다.

"엄마, 우리 집 외제 물건 없나?"

"뭐 할라고? 또 조사하나? 조사할 것도 많다."

"엄마, 외제? 외제, 외제……." 이러며 온 집안을 다시 뒤지기 시작했다. 엄마가 얼굴을 찌푸리시며

"어허, 니가 골라 놨는 것밖에 없다. 고만 찾아라."

"그래도 더 있을 줄 누가 아노. 그리고 엄미가 샀는지 안 샀는지 누가 아나?"

"니 진짜, 이 엄마는 집안일을 도맡아 하는 사람이다. 외제 있는지 없는지도 모르까 봐. 그렇게 엄마 못 믿나, 응?"

"그래도."

"야가, 야가, 없다 캉께 정말 그카 깨가!"

소리를 꽥 지르시며 때릴 자세였다.

"그래 알았다. 데기 그카네."

조금 뒤 설거지를 하시던 엄마가 "외제 있다!" 하시는 거다.

"어디?"

"니지 누고. 너거 아빠가 월남 전쟁 때 주워 온 아이다." 하시며 농담
을 하셨다.

'월남이라? 그게 언제지? 난 모르겠는데? 하여튼 옛날 전쟁일 텐데
내가 열세 살이니까 농담도 농담 같은 소리를 하셔야지.'

난 주전자를 식탁 위에 놓고 글씨를 찾았다.

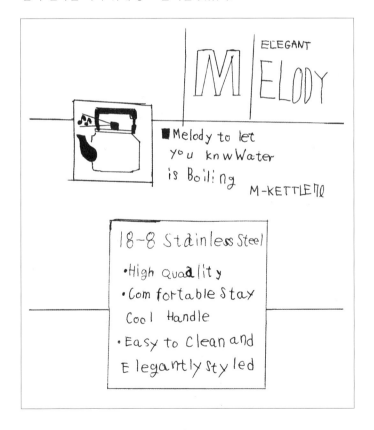

한글이란 글자는 한 글자도 보이지 않았다. 아는 거라고는 꼬부랑 글씨와 팔분음표와 주전자를 그려 놓은 것밖에 없었다. 이 주전자는 물이 부글부글 끓으면 수증기가 올라와 손잡이 있는 곳, 하모니카 속으로 들어가 '삐이빙' 하며 소리 나는 아주 시끄러운 주전자다.

그러나 시간이 되면 알려 주는 아주 편리한 주전자다. 하지만 이런 주전자를 멜로디가 나오는 한국 제품으로 나오면 더 좋을 것이다. 아니면 이것보다 더 편리하고 안전한 주전자가 만들어져 시장, 백화점 따위에서 국산품만 파는 나라가 되었으면 좋겠다.

드라이기를 보면 이렇다.

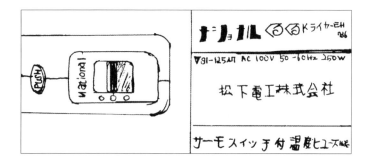

이 드라이기에는 아주 재미있는 사건이 있다. 우리 오빠 머리카락은 파마했는 머리처럼 꼬불꼬불하다. 오빠가 머리를 감고 드라이기로 말리는네 "왜 이래 안 풀리지?" 하며 그 곱슬머리를 풀려고 했다. 그런데 그곳에다가 드라이기 더운 바람을 쐬고 있었으니 그 머리카락이 안 타고 배기겠는가? 한쪽에만 머리가 타자 다른 오빠들보다 머리가 조금 긴 우리 오빠의 머리를 엄마가 원하는 대로 시원하게 깎았다.

재미있는 사건이 하나 더 있다.

엄마가 드라이기로 머리를 손질하는데 위쪽으로 올라가야 되는 머리가 슬슬 내려오자 아무리 빗어도 올라가지 않았다. 다시 확인하자 더운 바람으로 가야 되는 것이 찬바람으로 되어 있어 머리카락이 올라가지 않았던 것이다.

이렇게 재미난 사건도 이 드라이기로 이루어졌다. 하지만 국산품이 었더라면 더욱 좋았을 것인데……. 오래된 이 드라이기는 내가 어릴 적에 떨어뜨려서 뒤쪽 중간 부분에 세로 0.7센티미터, 가로 0.5센티미터로 깨어져 있다. 그 때문인지 스위치도 더운 바람에 올려놓고 눌러야 바람이 나오는 것 같다.

난 이런 생각이 든다.

'외제라서 쉽게 고장 난 걸까?'

다른 집은 외제품이 다섯, 여섯 가지 이상 되는데 우리 집은 두 가지밖에 없어 참 다행이다.

외제는 구입하지 말고 일본처럼 본받을 건 본받고 했으면 좋겠다.

'일본 정신을 왜 본받냐? 우리나라를 짓밟은 나라를……'

하지만 일본처럼 자기 나라 국산품만 사고 외제품은 잘 안 쓰는 생활이 국민의 협동심을 기르고 국가 발전을 더욱 빨리하도록 하는 일이다.

(경산 중앙 초등학교 6학년 원수영 1993. 9. 22.)

왜 이렇게 외제가 많노?

재미 숙제로 외제품을 조사하라고 했을 때부터 나는 꼭 약속이라도 한 듯이 "우리 집엔 외제품 있겠나. 있어 봐야 몇 개 있겠노." 하고 말은 자신 있게 했다. 그러면서도 혹시 가게에는 많이 있을 줄 누가 아나 하는 생각이 들어 가게로 향했다. 우리 아파트 앞에 수입품 가게가 있는

데 나는 거기를 지날 때마다 수입품 가게의 물건을 보고는 마음속으로 '와, 저거 되게 예쁘다. 돈 모아가 사야지.' 하며 생각한 적이 많았다. 우리 사회에 보면 수입품이 늘고 있는 지금인데 점점 더 외제를 추구할려고 하니 정말 한심하기 짝이 없다. 나는 어리지만 한숨이 나온다.

가게에 가서 털썩 주저앉았다. 그런데 아까 전에 한 생각도 잊어버리고, 재미 숙제도 잊어버린 것이었다. 그러다가 갑자기 생각나 옆에 신문을 보고 계시는 엄마에게 "엄마, 내 재미 숙제로 외제품 조사하니까 가게에 있는 거 불러 도." 하니 훑어보시더니 체중계가 일본의 야마모또 회사의 것이라고 하셨다. 나는 얼른 생각주머니를 펴서 적었다. 그리고는 저 위에 있는 체중계를 내려서 보니 분홍색 바탕에 그 모양이 꽤 괜찮았다. 다시 올려놓고는 엄마한테 무엇이 있느냐고 물었다. 그러니 엄마는 옆의 아령을 가리키면서 "아령 이거 다 외제다. 이거 대만 것이지 싶다." 하시며 나라 이름도 덧붙여 말씀해 주셨다. 그리고 "이제 아령 회사 아령 안 만든다." 하시는 것이다.

맥이 쭉 빠졌다. 이제 하나의 우리나라 상품이 위기도 아니고 완전히 전멸이라니 정말 맥이 빠진다는 내 말이 거짓말이 아닐 것이다. 엄마 말씀이 끝나자 나의 눈은 테니스 라켓 쪽으로 갔다. 보니 외제인 것 같아서 "엄마, 저 테니스 라켓 외제 아니가?" 하며 놀란 듯이 물었다. 미국의 윌슨 회사의 제품이라고 하셨다. 그리고는 곧 이어서 대만 제품인 둥근 모양의 만보기, 일본의 탁구 라켓이 있었다. 내가 서랍에 있는 검정색 초시계를 보니 대만 등 거의 아시아주 것이 대부분을 차지하고 있었다. 학교에서 명훈이가 나보고 수입품 가게 하는 집은 다 외제품이라고 말해 웃기는 했지만, 지금의 우리 가게의 물건도 거의가 외제니 우리 가게가 그 꼴이다. 너무나 놀라서 엄마한테 "왜 이렇게 외제가 많노?" 하니 엄마는 "이제부터는 운동 기구 전부 다 외제 된다." 하셨다.

우리 가게 이름을 '현대 체육사'라고 이름 짓지 말고 차라리 '현대 수입품 운동 기구점'이라고 내 나름대로 생각할 정도록 외제 물건의 문제를 깨달았다. 분별없이 쓰는 외제품…….

이런 생각을 하니 집에는 어떤 것이 있을까 하는 생각이 들었다. 그래서 엄마한테 물었더니 전혀 없다고 했다. 내가 전번에 선물받은 커피 잔이 아니냐고 물으니 엄마도 그제서야 아셨는지 그게 영국의 본차이나 회사라고 하셨다. 나는 "오우, 영국." 하며 농담을 하면서도 약간 비꼬았다. 나는 처음에 차이나 하는 이름이 아시아주 같아서 그렇게 생각했는데 아니었다. 그리고는 엄마가 또 소쿠리와 광주리 등이 외제라고 하셨다. 그다음에는 도저히 생각나는 게 없어 집에 들어와 찾아봐야겠다고 생각하고는 버스를 타고 왔다.

찾아봐도 개미만큼도 없었다. 나는 혹시나 해서 침대, 피아노, 모자, 이불, 식탁, 소파 등 여러 가지 생각나는 대로 보았지만 다 아니었다. 그뿐만 아니라 세계지도도 보고 말이다. 속으로는 좋았다. 이쑤시개도 수입하는 요즘, 선물받은 것밖에 없으니 말이다. 마구 외제품을 좋아하는 것도 문제지만 아무 생각 없이 외제품을 쓰는 것도 문제다.

(경산 중앙 초등학교 6학년 구효준 1993. 9. 22.)

공사장에서 일하는 사람
관찰하기

일하기 지도에 대해서는 다른 자리에서도 여러 차례 이야기를 했지만 또다시 조금은 이야기를 해야겠다. 다 알고 있는 사실이지만 요즘 사람들은 힘든 일 하기를 참 싫어한다. 그러면서 잘 먹고, 잘 입으며 풍족한 생활을 하고 싶어 한다. 이치에 맞지 않는 생각이다. 깔끔한 옷차림에 사무실에서 편안히 하는 일만 생각하지, 흙먼지 묻히며 하는 육체 노동은 아주 천하게만 여긴다. 그러니 아이들에게도 일을 시키지 않는다. 도시는 일거리도 별로 없겠지만 일거리가 많은 농촌에서도 도무지 일을 안 시킨다. 가끔 아이들이 일을 하고 싶어 해도 "공부나 해라." "관둬라, 일 저지른다." 이렇게 막아 버린다. 그러니 이제는 아이들도 그만 편안한 것만 찾는다. 내가 재미있는 숙제를 내주어도 투덜거리는 아이들이 더러 있는데 그런 아이들은 활동하면서, 일하면서 하는 공부보다 가만히 책상머리에 앉아 쓰고, 외우는 일에만 습관이 붙었기 때문이다. 참 서

글픈 일이다.

어쨌든 일의 소중함을 조금이라도 깨닫게 하려고 일하는 사람 관찰을 재미있는 숙제로 내어 보았다. 그냥 관찰만 해서는 느끼는 바가 아무래도 적으니 한 시간 정도라도 직접 일을 거들며 몸으로 느끼는 것이 더 중요하다. 부모들이 먼저 깨닫고 같이 하도록 했으면 좋겠지만 어른들 의식으로 봐서는 이런 숙제나 내준다고 욕이나 안 하면 다행이니, 그냥 아이들끼리 하도록 하는 수밖에 없다. 그러자면 사고 위험도 있으니 여러 가지 주의할 점을 단단히 일러두어야 한다. 두 명이 짝 맞추어 해도 좋은데 진지하게 하도록 또 단단히 일러두어야 한다.

허허, 참 별난 숙제 다 있네

학교에서 집으로 오는 길 옆에는 공사가 한창이다. 그중에서 벽돌을 져 나르는 한 아저씨가 눈에 띄었다. 목에는 흰 수건을 걸쳐 놓고, 얼굴에 비 오듯 땀이 흐르면 닦곤 했다. 옷은 등 부분이 다 젖어서 축축했다. 그래서 도와드려야겠다는 생각이 들었다. 마침 재미 숙제도 있었기 때문에 아주 좋은 기회였다.

책가방을 집에다 벗어 놓고 아저씨가 일하는 공사판에 나갔다. 그 옆에 서서 벽돌을 지고 가는 아저씨를 빤히 보고 있는데 '감시원'이라는 글씨를 노란 천에 적어 팔에 묶은 아저씨께서 내 옆으로 오시더니 "야야, 비키라. 일로 들어오면 안 된다. 안 나가나, 다친다니까. 다치면 병원비는 누가 대노. 빨리 나가라." 하며 마구 큰 소리를 지르셨다. 나한테 마구 달려들면서 말할 틈도 주지 않고 큰 소리만 지른 것이다. 그래서 할 수 없이 큰 소리를 마구 내었다.

"아저씨, 숙제가 있어서 그러는데요, 일 도와드릴게요."

큰 소리를 지르다가 사정하듯이 말하기 시작했다. 아저씨는 마구 밀어내고, 나는 앞으로 밀며 들어가고, 정말 정신이 하나도 없었다. 그런데 아저씨께서 봐주는지, 내 말을 들으려는지 가만히 계셨다.

아저씨는 "허허, 참 별난 숙제 다 있네. 요즘 그런 숙제 내는 학교가 어딨노." 하면서 내 말을 믿으려 하지 않으셨다. 나는 계속 망설이다가 "아, 아저씨는 우리 반은요, 전국에서 알아주는 반이라구요. 있지요, 이 일 도와드리고요 글 잘 쓰게 되면요, 아저씨 하는 일 책에도 실려서 알려지게 돼요. 아세요? 우리 반은요, 일본, 미국에서도 '꽃교실' 하면 알아준다구요." 하고 아저씨 앞을 왔다 갔다 하면서 자랑하듯 말했다. 그랬더니 아저씨는 화난 얼굴을 바꿔 활짝 웃으셨다. 그리고 "좋다. 이렇게 됐든 저렇게 됐든 일 도와준다는데 뭐. 그럼 저기 있는 저 삽으로 시멘트 좀 뒤져라." 하며 나에게 일을 맡기셨다.

나는 얼씨구 좋다 하면서 얼른 갔다. 큰 삽으로 시멘트를 뒤지니 참 어렵고, 힘들었다. 무엇보다 큰 삽을 쥐고 있는 것이 무척 어려웠다. 그런 내 모습을 본 아저씨는 "어휴, 그것도 힘이냐. 이리 줘 봐라. 아저씨가 하는 서 잘 봐라." 하며 힘차게 시멘트를 뒤적이니 금방 물 짖은 시멘트가 되었다.

나는 너무 놀랐다. 힘이 저렇게 센지는 몰랐기 때문이다. 빼빼 마르고 얼굴은 광대뼈가 튀어나왔는데도 어디서 그런 힘이 나오는지 모르겠다. 아저씨는 정말 대단하다. 우리들은 아마 뚱뚱한 아이도 못 할 거다. 그러니 우리도 이런 일을 경험해 봐야 어느 정도인지 안다.

아저씨께서 "너 몇 학년인데?" 하고 다정히 물으셨다. 나는 얼른 "6학년이에요." 했더니 아저씨는 갑자기 한숨을 '휴우' 하며 쉬더니 "나도 너만 한 딸자식이 있는데 공부를 안 해서 문제야. 속 썩이고 말 안 듣고……." 하며 걱정을 하셨다. 나는 얼른 분위기를 바꾸어서

"아저씨, 집이 어디신데요?"

"나? 대구지 뭐."

"음, 그런데 왜 여기까지 와서 일을 하세요? 대구에도 할 일이 많을 텐데? 이상하시네. 왜 여기 와서 일을 하세요?"

아저씨는 한숨을 다시 한번 '휴우' 쉬고는 "다 식구 먹여 살리려고 그러지. 대구에는 일자리 구하기가 여간 어려워야지." 하시더니 말을 더 잇지 못하고 한숨만 내쉬셨다. 잠시 뒤 아저씨는 다시 "우리 아들 딸도 공부 잘하고, 너처럼 착하면 얼마나 좋겠노." 하며 머리를 쓰다듬어 주셨다.

한 시간이 지났을까? 팔이 조금씩 아파 오기 시작했다. 아저씨는 내가 힘들다는 걸 아셨는지 가까이 와서 "힘들제? 이제 가 봐라. 공부 열심히 해서 좋은 사람 되고, 알겠제." 그러며 잘 가라고 손을 흔들어 주셨다.

'아저씨도 훌륭한데 왜 나보고 훌륭한 사람 되라고 하지? 정말 이상한데? 아저씨가 하는 일도 아주 훌륭하고 본받아야 하는 일이라고 나는 생각하는데…….'

계속 뒤를 돌아보면서 몇 번이나 손을 흔들었다.

조금 힘들기는 했지만 "힘든 일을 해 봐야 커서 더 힘든 일도 할 수 있지." 하시던 아버지의 말씀이 생각났다. 저렇게 열심히 사시는 사람

도 있는데 나는 조금만 힘들어도 하기 싫어서 금방 때려치운다. 이 아저씨를 보니 내가 얼마나 부끄러운지 모르겠다. 앞으로 더욱 열심히 무엇이든지 해야겠다.

'아저씨 힘내세요!' 하며 큰 소리로 외치고 싶었다.

'아저씨, 힘내고 열심히 사세요. 저는 아저씨가 제일 훌륭한 사람으로 보였어요.'　　　　　　　　　　(경산 중앙 초등학교 6학년 이미례 1993. 9. 25.)

아빠 생각이 났다

오늘의 재미있는 숙제는 일하는 사람을 관찰하고 도와주기라고 선생님께서 말씀하셨다. 난 이번의 재미 숙제만큼은 잘 해 보겠다고 마음먹고 아저씨들이 일하는 공사장으로 가 보았다. 공사장에서 일하는 사람들의 옷은 페인트, 흙, 먼지 때문에 더러웠다. 벽돌을 나르는 아저씨들은 허리가 꼬부랑 할머니처럼 되었고, 머리는 땀 때문에 물에 감았는 것처럼 젖어 있었다. 그리고 어떤 아저씨는 너무 더워서 웃옷을 모두 벗고 알몸으로 일을 하고 있었다. 아저씨의 얼굴을 보니 너무 뻘겋게 익어 꼭 화상을 입은 사람 같았다.

아저씨들을 관찰하고 있는 사이 내 몸에도 땀이 흘렀다. 그래서 나무 그늘에 앉아 땀을 닦았다. 그때 벽돌을 가지고 가던 아저씨께서 "김씨, 시멘트 반죽 다 되었으면 빨리 가지고 오쇼. 시멘트 반죽할려면 하루 걸리겠다, 허허허……" 하며 그늘에 가셨다. 아저씨는 자기 집 안방처럼 앉아 탁주 한 잔을 마시고 호주머니에 있는 담배를 꺼내어 피우셨다. 화상 입었는 것 같은 얼굴이 점점 변해 하얗게 되었다. 아저씨는 다시 일어나 흙을 털고 일하는 쪽으로 걸어갔다. 아저씨의 뒷모습을 보니 어딘가 허전하고 쓸쓸한 느낌이 들었다. 아저씨는 다시 일하는 장갑을 끼고 벽돌을 옮겼다.

몇 분 있다가 김씨라는 아저씨가 탁주 있는 그늘에 와 앉았다. 아저씨도 탁주와 사이다를 마셨다. 그런데 갑자기 인상을 찌푸리면서 "사이다 봐라. 방금 사 가지고 왔는데 벌써 김 빠졌다." 하며 슈퍼 쪽으로 걸어가셨다. 아저씨는 병에 들어 있는 사이다를 세 병이나 사 가지고 오셨다. 걸어오면서 "어이, 여기 시원한 거 한잔 마시고 하쇼." 하며 자랑스럽게 말했다. 아저씨들은 일하던 것을 그만두고 김씨라는 아저씨 한테로 걸어왔다. 아저씨들은 조금이라도 더 먹기 위해서 어린이처럼 "나는 이것밖에 안 주노. 정씨는 이만큼이나 주면서." 하며 삐졌는 얼굴을 했다.

그늘에 앉아서 아저씨들의 행동을 지켜본 나는 아빠 생각이 났다. 우리 아빠도 이 아저씨처럼 건축가이다. 전번에 아빠가 일하는 곳에 가 보았다. 아빠도 벽돌을 나르고 시멘트를 반죽했다. 그때 아빠의 모습은 너무 불쌍했다. 그래서 나는 아빠 곁으로 가 일을 도와줄려고 했지만 아빠는 다친다면서 집에 가라고 했다. 그래서 난 할 수 없이 집으로 돌아왔다. 내가 아빠 생각을 하고 있던 사이에 아저씨가 모두 다 가 버리고 길거리에는 먼지만 날리고 있었다. 난 아저씨들을 도와주고 싶었지만 모두 다 가 버려 할 수 없이 집으로 돌아왔다. 집에 오니 아빠가 와 있었다. 난 낮에 보았던 아저씨를 생각하면서 지금까지 일하고 온 아빠에게 안마를 해 주었다. 그때 아빠의 발을 보았는데 발톱에는 때가 끼어 있었다. 우리를 위해 고생하신 아빠가 너무 불쌍하다.

(경산 중앙 초등학교 6학년 이해영 1993. 9. 25.)

눈 감고 지내보기

우리 사회는 아직도 장애인을 업신여기는 구석이 참 많다. 횡단
보도도 그렇고, 길거리도 그렇고, 건물 구조도 그렇고, 우리가 타
고 다니는 차의 구조도 그렇다. 가끔 보면 장애인을 위한 시설을
하긴 했는데 형식에 그치는 경우가 대부분이다. 그것뿐이면 덜 하
다. 학교도, 직장도, 사회 어느 구석에도 쉽게 받아들이지를 않는
다. 장애인을 보는 눈은 더욱 멀었다.

그러나 장애를 가지고 있는 사람들은 장애인을 이상하게 보지
않는다. 따라서 장애인을 조금이라도 이해하게 하는 데도 말보다
는 행동으로 겪어 보게 하는 것이 가장 좋다. 그래서 해 본 것이 눈
감고 20분 동안에 다섯 가지 물건을 찾아보게 하는 것이다. 이것
은 위험이 따르기 때문에 옆에서 지켜봐 주는 사람이 있는 것이 좋
을 것이다. 이것뿐 아니고 두 팔을 쓰지 않고(두 팔을 묶고) 얼마 동
안 지내보기, 다리를 쓰지 않고 두 팔로 기어다녀 보기 따위 여러

가지 방법이 있다.

니 미쳤나, 와 카노?

이번 재미있는 숙제는 눈 감고 지내기다. 나는 이 숙제를 하려고 눈을 꼭 감았다. 피아노 방으로 가려고 손을 휘저으면서 갔다. 가는데 엄마가 나를 보시더니 "니 미쳤나, 와 카노?" 하며 비꼬듯이 말씀하셨다.

나는 아무 말 안 하고 피아노 방으로 갔다. 잘 가다가 문에 매달린 동생 용일이 그네에 머리를 박아서 혹이 났다. 그래도 난 속으로 다행이라고 생각했다. 속으로 씩 웃으며 들어갔는데 의자에 앉으려다 의자 옆에 앉아서 옆구리가 의자에 받히고 긁혔다. 허리가 아파서 막 문질렀다. 나는 슬슬 짜증이 났다. 의자를 손으로 더듬고 앉아서 피아노를 쳤다. 피아노는 손에 익어서 잘 쳤다. '엘리제를 위하여'랑 '아드린느를 위한 발라드'를 쳤는데, '엘리제를 위하여'에서 위에서 좍 내려오는 부분이랑 좀 빨리 치는 부분이 틀렸고, '아드린느를 위한 발라드'는 거의 다 틀렸다. 왜냐하면 '아드린느를 위한 발라드'는 외우지 못했기 때문이다. 다 치고 피아노를 덮는데 속에 천으로 된 덮개를 덮고 나서 겉뚜껑을 덮는데 나중에 보니 속의 천 덮개가 둘둘 말려서 거꾸로 덮여 있었다.

큰방으로 가다가 발에 누가 채였는데 갑자기 용일이 울음소리가 들렸고, 엄마가 "이 가시나가 빙시 연습하디만 아까지 넘어지게 하고, 패직이뿔라!" 하며 등짝을 "짝." 소리 나게 때리셨다.

엉금엉금 피해 다니다가 텔레비전에 머리를 박았다. 머리를 문지르며 기어가 빨랫줄에 걸려 있는 양말 열 짝을 벗겼다. 그리고는 앉아서 개었다. 무늬를 더듬으면서 겨우 개었는데 나중에 보니 '비와이씨'랑 무늬 없는 것, 무늬 없는 거랑 꽃무늬랑, 꽃무늬랑 '비와이씨'랑 뒤죽박죽이었다. 무늬 없는 것 하나만 똑바로 갰다.

엄마한테 혼나면서까지 이걸 끝내고 보니 정말 장애자의 심정을 알 것 같다. 눈이 안 보이는데도 이렇게 답답한데 말 못 하고, 팔다리가 없는 사람은 어떻겠는가? 잠시 동안이었지만 많은 것을 느꼈다. 내가 그 답답한 짓을 하고, 또 참았다니 웃음이 나온다.

(경산 중앙 초등학교 6학년 ○○○ 1993. 9. 12.)

눈이 없으니까 엉덩이도 아프고

"눈 감기 시작!"

잘못해서 눈을 뜰까 봐 수건으로 눈을 가려서 묶었다. 찾을 물건은 첫째 연필깎이, 둘째 옷걸이, 셋째 쓰레기통, 넷째 전화기, 다섯째 의자다.

연필을 깎으려면 칼로 깎아야 되는데 손을 벨 수 있기 때문에 연필깎이에 넣어 깎으려고 찾았다. 책상 위를 더듬다가 끝이 뭉퉁한 것을 찾았다. 밑으로 조금 더듬다 보니 손잡이가 있었다. 잡아서 연필을 끼우려고 하는데 기울어져서 안에 있는 연필가루를 쏟을 뻔하였다. 그래서 연필은 두고 위쪽을 잡고 연필 끼울 곳을 당겼다. 위에 그냥 잡고 있던 손은 넓은 손바닥으로 꼭대기를 눌러쥐고 손가락으로 연필 끼울 곳을 벌려서 연필을 끼워 깎았다. 그런데 다 깎은 연필을 빼다가 그만 끝을 똑 부러뜨려 버렸다. 그래서 힘들게 깎은 것을 다시 깎았다.

조금 더워서 웃옷을 벗었다. 그런데 그냥 방바닥에 놓아둘 수 없어 옷걸이를 찾기로 했다. 더듬더듬 우리 방으로 갔다. 할머니께서 계셨는데 옷걸이를 찾다가 그만 할머니의 발을 밟고 말았다.

"아이고 아야! 눈에 둘렀는 거는 뭐고? 에고 그래가 내 발 성하겠나."

하셨다. 말을 알아들었지만 어디 계신지 몰라서 아무 데나 보고

"할매, 괜찮나? 미안. 할매, 어디 있노?"

"에고 에고 니는 뒤에 보고 말해 제끼나."

하며 껄껄 웃으셨다. 할머니께서 옷을 뺏으셨다.

"할매, 내 옷 왜 가지고 가노?"

"옷걸이에 걸어 놨다. 그게 어떻노."

하셨다. 옷걸이 찾는 것은 실패하였다.

감기가 걸려 콧물이 나왔다. 엄마 화장대로 엉금엉금 기어가다 화장대에 박았다. 휴지를 뽑아서 콧물을 "핑." 풀었다. 그런데 이것이 문제로다. 쓰레기통을 찾아야 하는데 방향 감각이 있어야지. 오른쪽으로 기어가니까 벽이 있고 그 반대쪽으로 가니까 텔레비전이 있었다. 그래서 오른쪽으로 조금 가서 뒤로 돌아 앞으로 가니까 문지방이 있었다. 앞으로 막 가니 맨질맨질한 것이 있길래 왼쪽으로 조금 가서 앞으로 가니까 물통이 있었다. 옆으로 가니까 쓰레기통이 있었다. 시간이 너무 많이 걸렸다. 난 서서 박으면서 부딪치면서 소파에 앉았다.

전화기가 "따르릉 따르릉." 울렸다. 전화는 탁자에 있어서 금방 찾을 수 있었다. 그런데 여기서 문제점이 좀 있었다. 뭐냐 하면 말하는 곳이 귀 쪽으로 간 것이다. "여보세요? 여보세요?" 하니까 대답이 없어 다시 "여보세요?" 하고 크게 소리쳤다. 그런데 밑에서 "소리가 잘 안 들려요. 여보세요?" 하였다. 이제 소리가 안 들린 이유를 알고 뒤집어서 말

했다.

"여보세요?"

"예, 거기 재윤이네 집이죠?"

"여, 그런데요?"

"재윤이 엄마 있습니꺼?"

"없는데요."

"예."

하고 끊겼다. 눈이 없으니까 전화를 받아도 위쪽인지 아래쪽인지 모르겠다.

나는 더듬어서 엄마 방으로 들어가 의자를 찾아 앉으려고 했다. 의자 윗부분을 찾아서 앉았는데 그만 엉덩방아를 찧었다. 수건을 풀어서 보니까 내가 앉았던 반대쪽 방향으로 의자가 놓여 있었다.

눈이 없으니까 엉덩이도 아프고, 머리는 더 아프고, 손까지 새까매졌다. 눈이 없는 것은 정말 상상하기조차 싫다.

(경산 중앙 초등학교 6학년 원수영 1993. 9. 13.)

열 가지 소리
들어 보기

    문명이 발달하면 발달할수록 자연의 소리보다는 기계에서 나는 소리를 많이 듣게 된다. 기계에서 나는 소리 가운데 음악을 빼놓으면 모두 소음이다. 그러니 도시 사람 같으면 일 년 내내 소음 속에 살고 있다. 아무리 아름다운 음악이라도 자꾸 들으면 듣기가 싫어진다. 그것도 소음이다. 그러나 자연의 소리는 언제 들어도 자꾸만 듣고 싶어진다.

    그런데 사람들은 자연의 진짜 소리를 듣지 못한다. 왜 그럴까? 그건 자기 모습을 잃었기 때문이다. 자기 모습을 잃지 않았다면 개가 '멍멍' 짖는다고 하지 않을 것이고, 고양이가 '야옹' 운다고 하지 않을 것이다.

    윤태규 선생의 《나뭇잎 교실》을 보니 아이들이 매미 우는 소리를 듣고 적었는데 이렇다.

흠재: 이이토안 이이토안 이이토안…… 찌찌찌찌…….

형용: 이이이창 이이이창 이이이창…… 찌찌르르르…….

무연: 이이씨용 이이씨용 이이씨용…… 찌찌르르르…….

원득: 찌이용 찌이용 찌이용…… 찌찌찌찌……

은순, 지훈: 찌찌르르 찌찌르르 찌찌찌.

똑같은 시간에 똑같은 소리를 들었는데 사람마다 이렇게 달리 들린다. 어디 그것뿐일까? 동물 소리를 들을 경우 그 동물이 즐거울 때, 화났을 때……, 모두 소리가 다른 것이다. 그런데도 하나같이 개는 '멍멍'이고, 고양이는 '야옹야옹'이고, 매미는 '맴맴'이다. 이런 아이들에게 자연의 소리를 들어 보게 하면서 잃어버린 귀의 감각 기능과 자기의 참모습을 찾아 주자.

고학년 같으면 한 동물의 소리에서도 경우에 따라 어떻게 소리 내나, 물소리를 들을 때는 여러 가지 경우에 따라 어떻게 소리 내나 견주어 가며 들어 보도록 하는 것도 좋겠다. 저학년 같으면 한 가지 소리를 듣고 적어 오도록 해도 좋겠다. 참, 한 가지 정말 중요한 것이 빠졌다. 자연의 소리를 들으려면 산이나 들로 나가야 한다는 것을 잊지 말자.

물, 또 물, 또또 물

매일 듣는 게 소리인데 그 소리를 왜 자세히 들어 보라는 거지? 소리 듣기 숙제를 받은 나는 마냥 답답하기만 했다.

"무슨 뜻이 있으니 그런 숙제를 선생님께서 내셨을 거야."

우리는 재미 숙제를 하기 위해 일요일을 맞았다는 생각 아래 열심히 할 것을 생각했다. 조사를 잘 하려면 무슨 소리를 듣는다는 것도 중요하다. 한참 텔레비전을 보다 생각난 터라 텔레비전을 우선 끈 뒤 깊이 생각했다.

"아, 물!"

물이 떠오르는 거다. 어디에서나 물은 갖가지 소리를 다 낸다. 그런데 '똑똑'이라는 언어로만 소리를 이해하고 있다. 그래서 이 잘못된 생각을 뜯어고친 뒤에 똑바른 말을 사용하게 해야겠다는 생각을 했다.

조사를 하기 위해서 물의 원천인 화장실로 가 봤다. 수도꼭지의 소리, 나오는 소리, 바닥에 닿을 때 등으로 세 가지 방법을 갈라서 조사해 봤다. 가장 먼저 길쭉한 코끼리 코처럼 길다란 수도꼭지의 소리를 들었다. 틀려고 돌리면 '휘직직찍'이란 소리를 잠깐 내고 호수를 통과하면서 '휴우우유 휴우우유' 하며 내려오더니 떨어질 땐 '두뚱둑뚝 쏴아' 하며 신나게 내려온다. '작은 수도꼭지에서도 소리가 이렇게나 여러 가지로 들리니 우리가 표현할 수 없는 그런 소리까지 하면 도대체 얼마나 될까?' 나도 깜짝 놀랐다.

다음은 세수할 때 쓰는 수도꼭지다. 위쪽에 달려 있어 꼬부랑하게 꼬부라져서 수도와 연결되어 있는 모양으로 되어 있다. 트는 순간 잠깐 '피딩잉' 소리를 내더니만 '휴우으잉으' 하고 술술 나오더니 떨어질 때는 '또뚱똑 포뚱띠' 그런 소리가 난다.

시원하게 씻는 욕조 차례다. 크기만큼 소리도 컸다. 느그러져서 누워 있으며, 고함을 치듯 '푸리링' 카다가 더 틀면 '푸사 피시 피시시시' 카다가 떨어질 때는 '파다닷파닷' 우렁찬 소리를 잘도 낸다.

다음은 우리 똥을 잘도 받아 내는 변기통 차례다. 생각만 해도 더럽게 느껴지지만 소리는 신기했다. 사실 더럽다는 것도 우리들의 관념인 것이다. '푸둥' 카면서 물이 나온 뒤 '꾸릉' 카며 내려가다가 '쿠르루르르' 물이 금세 다 내려가 버린다.

언제나 들리는 분수 소리다. 고요하게 '히시시 피시시' 카다가는 손을 대면 '푸둑둑 뚜뚝뚝' 그런다. 이처럼 소리는 들리는 대로 듣기만 하면 우리의 진짜 소리를 들을 수 있는 거다.

오늘 조사를 통해서 소리의 무한정에 대해 놀래 버렸다. 관념으로 듣는 '똑똑'보다는 진짜 소리를 들으면 알기도 쉽고 느끼기도 쉽다. 이번 재미있는 숙제를 너무 얕봤던 것 같아서 부끄럽다. 이제부터는 소리를 제대로 듣겠다.

〈물소리〉

종류 / 방법	틀 때	나올 때	바닥에 떨어질 때
길쭉한 수도꼭지	휘직직찍	휴우우유휴우우	두둥둑둑 쏴아
작은 수도꼭지 (세수할 때)	피딩잉	휴우으잉으	또똥똑 포똥띠
욕조	푸거링	푸사 피시 피시시시	파다닷 파닷
변기통	푸둥	꾸릉	쿠르루르르

종류 / 방법	보통 때	손을 댈 때
분수	히시시 피시시	푸둑둑 뚜뚝뚝

(경산 중앙 초등학교 6학년 권혁준 1993. 10. 3.)

너무 형식에 얽매이지 말고

선생님께서 "오늘의 재미있는 숙제는 소리 열 가지 조사하는 것이다.” 하시며 재미있는 숙제에 대하여 여러 번 강조하셨다. 그러나 난 오늘의 재미있는 숙제가 조금 마음에 들지 않았다. 왜냐하면 아무런 뜻이 없다고 생각했기 때문이다. 밥해 보기 숙제, 눈 감고 20분간 지내보기 숙제 등등 여러 가지 재미있는 숙제는 뒤에 아주 깊은 교훈을 남겨 주었는데……. 하지만 ‘조그만한 것이라도 남겨 주겠지.’ 하고 생각했다.

난 학교 갔다 집으로 올 때 한 마리의 얼룩무늬 개를 보았다. 난 ‘심심한데 잘 걸렸다.’ 생각하면 미안하지만 개에게 헛발길질을 했다. 그러니 개가 두 다리를 앞으로 내밀며 “커러렁 웍웍 웍웍웍웍.” 짖었다. 난 개가 물 것 같아서 ‘걸음아 날 살려라’ 하고 뛰었다. 얼마쯤 가니 개가 쫓아오지 않아 한숨을 내쉬었다.

풀밭에서 “음매애해해애 음매애해해애…….” 하는 소리가 들렸다. 소리가 나는 쪽으로 고개를 돌려 보니 까만 염소가 풀을 어적어적 씹으며 울고 있는 것이다. 염소의 울음소리는 동화책에 적혀 있는 글자와는 달랐다. 하지만 가까운 면도 좀 있었다.

아파트 뒤의 밭을 지날 때 밭에서 “으이야옹 으이야옹 우왜애애 우이야옹 우왜애애…….” 하는 소리가 나서 가 보니 고양이 한 마리가 날카로운 이빨을 보이며 울고 있었다. 난 겁이 나서 얼른 아파트 안으로 들어왔다.

‘이제 뭐 소리 나는 거 없나?’ 하며 주변을 둘러보다 특별히 소리 나는 것이 없어 밖으로 나갔다. 밖에서 난 까치 소리를 들었다. 까치는 “끄악 끄악 끄악 끄악 깍깍…….” 하고 울었다. 난 이것을 수첩에다 적었다. 놀이터에 가 보니 적을 것도 들을 것도 없어 다시 집으로 왔다. 오다가 포크레인 소리를 들었다. “지렁지이이 칙.” 하는 소리와 “칙지렁지이이이." 하는 소리가 여러 번 반복되어 들렸다.

또 이때 "틱 틱디틱 딱딱딱 틱……." 하는 소리가 들려 소리 나는 곳으로 가니 아이들이 종이에 불을 붙여 거기다가 나뭇가지를 넣고 있었다. 한심하다는 생각을 하며 집에 오니 우리 집 세탁기가 돌아가는 소리가 들렸다. 세탁기에서는 "지링링리리리리리링……." 하는 소리가 났다.

난 다시 밖으로 나가 보았다. 닭이 있는 곳으로 가 보았다. 그때 수탉이 "꿔꿔꿔꿔 꾹끼요 꿔꿔꿔꿔……." 하며 울었다. 난 신기해서 한참 보고 있다가 집으로 왔다.

오는 길에 하늘을 날고 있는 대한항공 비행기 한 대를 보았다. 귀가 멍멍하고 "부우웅 앙앙앙앙……." 하며 하늘이 울릴 정도로 크게 소리 났다. 집에 들어와 메모한 수첩을 조용히 보고 있을 때 "쯧깍 쯧깍 쯧깍……." 하는 소리가 계속 되풀이해 들려와서 가 보니 벽시계의 초바늘이 움직이며 소리가 났다.

난 재미 숙제를 다 하고 생각해 보았다. 그때 갑자기 생각나는 것이 있었다. 책에 나온 것과 실제로 듣고 적은 소리가 다르다는 것이었다.

'아, 맞다!'

선생님께서 이처럼 너무 형식에 얽매이지 말고 자기 스스로 행동하고, 들어 보고 창의 창조해 보라는 뜻을 알겠다.

우리나라 선생님들이 모두 우리 선생님이 되어 많은 아이들이 이렇게 귀중한 것을 깨우쳤으면 한다.

(경산 중앙 초등학교 6학년 강동윤 1993. 10. 3.)

시장 구경

삶의 의욕이 좀 떨어진다 싶을 때 시장에 가 보면 살맛이 난다. 시장 바닥에 옷가지들을 되는대로 펼쳐 놓고 걸쭉한 목소리로 "홍도오오야아 우지 마아라아 아 글씨 오빠아가 이이이있따아……." 노래를 불러 젖히며 옷 파는 아저씨, "자아 사요! 펄펄 뛰는 고기 사요! 이놈 이거 회 쳐 먹어도 쪼오코, 매운탕거리도 쪼오타. 자아 아지매 이 펄펄 뛰는 고기 좀 사 가소!" 기분 좋게 외치며 생선 파는 아저씨, 덤으로 한 개 더 집어 주는 인심 좋은 떡장사 아주머니, 팔팔 살아 있는 듯한 나물을 보자기에 오목조목 놓고 파는 할머니 모두가 열심히 살아가는 사람들이다. 시든 나물을 놓고 힘없이 앉아 있는 할머니를 보면 안쓰러울 수 있겠지만 그것 또한 삶의 모습이다. 번쩍번쩍 빛나도록 잘 차려 놓은 백화점보다야 인간미가 더 있다.

우리 아이들에게 그런 삶의 모습들을 좀 느끼게 해 주자. 그런 삶 하나하나가 얼마나 귀한 것인가를 느끼게 될 것이다. 특히 난전에서 물건 파는 아저씨, 아주머니, 할머니 모습을 유심히 살펴보도록 하자. 그리고 할 수만 있다면 같이 물건도 팔아 보도록 하면 더욱 좋겠다. 또 요즘에는 어떤 물건들이 나며, 가격은 얼마인가도 알아보고, 그 물건들은 어디에서 어떻게 온 것인가도 알아보면 더 좋은 공부가 되겠지.

나물 파는 벙어리 아주머니

학교에 다녀와서 어머니와 함께 시장에 다녀왔다. 재미있는 숙제도 할 겸 장도 볼 겸 겸사겸사 간 것이다. 어머니와 나는 누굴 살펴볼까 대상을 정하지 못해서 먼저 나물을 사기로 했다.

그래서 아주머니 두 분께서 나란히 앉아 계신 곳에 가서 나물을 가리키며 "이거 얼만데요? 맛있겠다." 하니 아주머니께서 손을 쫙 펴서 5라고 표시하는 거였다. 어머니는 무슨 뜻인지 잘 알아듣지 못하셨는지 "뭐요? 오백 원요?" 하시며 고개를 갸웃거리셨다. 그러고 있으니 그 아주머니께서 옆에 앉아서 고디를 팔고 계시는 한 40대 중반쯤 되 보이는 아주머니 옆구리를 툭 치시는 것이었다. 그러니 옆에 계시던 아주머니께서는 "아 그 고사리 말인교? 천오백 원이라예. 좀 사 가주고 가소. 어 팔고 저 필라 카이 힘들어 죽겠다, 아이고." 하시며 한숨을 길게 내쉬셨다.

그 아주머니의 이야기를 다 들으신 어머니께서는 좀 이상하다는 표정을 지으시며 "와예? 저 고사리 파는 아줌마는 말 못 하시는교? 와 그랬노? 우야꼬 쯧쯧쯧." 하며 혀를 차면서 말씀하셨다. 고디 파는 아주머니께서 그렇다는 표정으로 고개를 끄덕이시며 "맞다 맞다. 나물값도 절대로 깎아 줄 생각도 안 한데이. 내하고 나이도 비슷한데 불쌍해 죽겠다. 그카면서도 얼마나 야물딱지다꼬." 하고 눈치를 살피더니 한번 씨익 웃으셨다. 그런 이야기를 듣고 나서 그 아주머니를 쳐다보니 어쩐지 나이에 비해서 얼굴에 주름도 많고, 걱정거리도 너무나 많아 보였다.

그런 생각을 할 때에도 어머니와 그 고디를 파는 아주머니께서는 계속 이야기를 나누셨다. 어머니와 고디를 파는 아주머니께서 벙어리 아주머니의 이야기를 나누고 계시니까 벙어리 아주머니는 망신스럽고 부끄러우신지 기가 팍 죽어 앞으로 똑바로 보지도 못하셨다. 고개를 푹 숙이고 손가락으로 땅을 만져 가며 무슨 말인지 혼자서 중얼중얼거려 대셨다. 아주머니의 그 모습이 어찌나 불쌍하고 애처로워 보이던지 아무도 놀리지 못하게 감싸 주고 싶을 정도였다.

그 아주머니께서 말을 하지 못하신다는 생각을 하니 말을 못 하게 된 이유가 궁금해졌다. 그래서 여쭈어 보고 싶었지만 여쭈어 보면 대답도 못 해 주실 뿐 아니라 여쭈어 보면 무척 속상해하실 것 같아서 입을 열지 않고 꽉 다물고 있었다. 그렇게 생각을 하고 있는데 어머니께서 "재미있는 숙제 대상으로 이 아주머니 하면 되겠네. 얘기 들어 보니까 불쌍타. 그런데 와 그래 됐으꼬?" 하며 어머니께서도 나와 같은 생각을 갖고 계셨다.

어머니와 나는 그 벙어리 아주머니가 너무나 불쌍하고 안타까운 마음을 갖고 다시 시장을 돌아다니며 여러 곳을 둘러보았다. 얼굴에 주름이 많은 할머니, 젊은데도 생선 장사를 해 가며 살아가는 아주머니, 아이와 아주머니가 함께 나물 파는 모습, 소리를 크게 질러 가며 장사하는 아저씨 등 시장에는 온갖 일을 벌이는 사람들이 있어 너무나 혼잡했다. 언제나 선생님께서 말씀하시듯이 일하며 살아가는 것은 신선하고 가장 깨끗한 것이라고 하지만 그 사람들에게는 너무나 힘들고 어려울 것이라는 생각이 들었다. 오늘 보게 된 말을 하지 못하는 벙어리이면서도 열심히 살아가는 것만 보아도 그렇다.

오늘 시장 구경은 숙제라서 조금은 억지로 하기는 했지만 너무나 많은 걸 배운 것 같다. 비록 말은 못 하는 벙어리이기는 하지만 포기하지 않고 열심히 일하는 그 아주머니를 본 것에서부터 말이다.

우리는 언제나 도덕 시간에 장애가 있고, 불우한 이웃을 도와주어야 한다고 배웠지만 그렇게 남을 돕는 사람은 그렇게 많지 않다. 그러니 나만이라도 이웃을 도와야겠다는 생각을 해야겠다. 그렇게 해서 어려움을 겪는 사람들에게 진정으로 이 나라 사회가 따뜻하고 건강하다는 것을 보여 주고 싶다.

진짜 진짜로 오늘의 재미있는 숙제는 그 언제나 했던 것보다도 더 좋은 것 같다. 우리 선생님의 말을 한번 더 써 먹으면 진짜 열심히 일하는 사람만이 이 세상을 살아갈 자격이 있다는 생각이 든다.

(경산 중앙 초등학교 6학년 박정미 1993. 11. 30.)

살아가는 사람들의 진지한 모습

오늘이 되어서야 드디어 재미있는 숙제를 하게 되었다. 내 친구들과 함께 시장으로 갔다. 이런저런 얘기를 하다 보니 시장에 다 와 있었다. 시장에 들어서자마자 떡볶이를 파는 아줌마의 모습이 내 눈에 들어왔다. 다른 집들은 장사가 잘 되는데, 이 집만 잘 되지 않아서 아줌마가 너무 지루한 표정으로 턱을 괴고 의자에 앉아 있었다. 이 아줌마의 모습을 보고 너무 안되어 보여서 친구들과 같이 떡볶이를 사 먹었다.

"아줌마, 떡볶이요."

"얼마너치 줄까? 천 원어치 줄까?"

난 아줌마의 표정이 너무 웃겨서 웃음이 튀어나올려고 하는 것을 겨우 참았다. 다음은 더 안쪽으로 들어가니 도토리묵을 파는 할머니가 보였다. 손에는 시커먼 땟물이 묻어 있고 손바닥은 껍질이 뜯겨 있고 갈라져 있었다. 할머니는 도토리묵을 가리키며 지나가는 사람들에게 말했다.

"아줌마요 이것 좀 사 가이소."

주름이 가득하고 다 그을은 얼굴, 하얗게 쉰 머리는 묶여 있는 채로 다 헝클어지고, 비닐을 엉덩이 밑에 깔고 있었다. 옷도 아주 더럽게 보여서 깨끗한 것만 보고 사는 사람은 불쾌한 느낌이 들 것 같았다. 도토리묵 하나라도 사 주고 싶었지만 돈이 없어서 정말 안타까웠다.

더 위로 올라가 보니 떡을 파는 할머니가 있었다. 이 할머니는 떡을 사는 사람들에게 덤으로 떡을 하나씩 더 주었다. 얼굴에 주름은 가득하지만 활짝 웃음짓는 얼굴이 참 보기 좋았다. 사람들은 떡을 하나씩 더 주는 것을 보고 주르르 줄을 서서 서로 떡을 살려고 했다.

이곳을 벗어나 시장 안을 둘러보았다. 그러다 너무 신기한 게 있어서 잠깐 만져 보았는데 이 물건의 주인이 나와서 "야들아, 너희들 뭐 하는 기고? 안 살 거면 나온다." 손을 팍 잡아떼며 화를 내는 것이었다. 이 사람은 자기 집의 물건을 사지 않고 구경하는 사람들에게는 조금 전에 말했듯이 아주 쌀쌀맞게 대하는 아주 고약한 성격을 가진 사람인 것 같았다.

우리들은 인상을 찡그리며 다른 곳으로 갔다. 고등어를 파는 사람인데 이 사람은 단 한 마리라도 더 팔아 볼려는 마음으로 "자, 한 마리에 오백 원, 천 원! 빨리 오세요!" 생선을 두 손에 들고 말하였다. 이렇게 힘껏 큰 소리로 말하여도 사람들이 고등어를 사러 오지 않자 한숨을 크게 푹 쉬며 의자에 털썩 주저앉았다. 옆에서 함께 팔아 주던 친구가 그것을 보고 "자 빨리 일어나라. 팔라고 해 봐야지. 어떻게 하겠노. 니가 그렇게 주저앉았 뿌리면 내 혼자 다 못 판다. 빨리 일어나라." 하며 손을 내밀어 힘을 내어 일어서게 해 주었다. 앉아 있던 아저씨는 발딱 일어서더니 하던 말을 계속 되풀이하면서 큰 소리로 말했다. 그러자 한 사람이 고등어를 사러 오자 휘파람을 불며 고등어를 주고는 또 한 마리를 더 주었다. 더 큰 힘이 생겼는지 더욱더 큰 소리로 말했다. 이 아저씨는 장사하는 데에 지쳐도 꾹 참고 열심히 일을 해 나가는 모습이 내 눈에는 아주 멋지고 아름답게 보였다.

그냥 수레에서 물건을 파는 것과 상점에서 물건을 파는 것을 비교해 보면 상점에서 파는 것이 더 쉽다. 상점에서는 텔레비전을 보고 있든, 그냥 편안하게 앉아 있어도 사람들이 많이 들어오지만 수레에서는 아주 힘들게 사람들을 불러 모아야 한다. 사람들은 이런 일을 하면 자랑스럽지 않게 생각하는데 난 자랑스럽게 생각한다. 아니 자랑스럽게 생각할려고 애쓰고 있다는 말이 더 맞을 것 같다. 장사가 잘 되지 않으니까 조는 사람도 보였지만 발버둥을 쳐 가면서 일하는 사람들이 많이 있어서 흐뭇하고, 참 보기 좋았다. 이중에 우리가 커서 어른이 되어 일하는 모습을 내가 지금 보고 있을 줄도 모른다. 내가 커서 일하는 모습은 어떤 모습일까?

오늘의 재미있는 숙제는 우리 사회에서 살아가는 사람들의 진지한 모습을 보고 우리들이 살아가는 모습들을 발견할 수 있어서 더욱더 재미있게 느껴진다.

(경산 중앙 초등학교 6학년 권경희 1993. 11. 3.)

마을 연날리기 대회

우리들이 어릴 때는 어른들이 아이들 놀이까지 걱정해 주지 않아도 되었다. 요즘 기구를 사용하는 새로운 놀이보다 단순할지는 모르지만 몸과 마음을 튼튼히 해 주면서도 재미있는 놀이가 계절별로 있어 동네 어디서나 모였다 하면 해 가는 줄 몰랐다. 너무 늦게까지 놀아 집에서 쫓겨난 일은 더러 있어도 놀이를 하다 다투는 법도 크게 없었고 나쁜 길로 빠지는 일은 더더욱 없었다.

그러나 요즘은 그렇지 못하다. 손만 까딱까딱하는 놀이, 폭력적이거나 자극적인 놀이, 쾌락과 향락으로 내달리는 놀이, 속임수만을 배우는 놀이, 특권층에서 사치로 하는 놀이가 판을 쳐서 몸과 마음을 오히려 병들게 하고 있는 형편이다. 이제는 아이들도 그런 것에 병들어 가고 있다. 승부욕에 집착한 나머지 툭하면 다투어(어른들처럼 원수지는 일은 없지만) 놀이판을 깨어 버리기도 한다.

이제 어른들이(그중에서도 우리 교사들이) 건전한 놀이를 챙겨 주지 않으면 아이들의 놀이 문화가 아주 병들어 버릴 것 같다. 그래서 몸과 마음을 건강하게 하는 놀이를 찾아 숙제로 내주는 일은 매우 중요하다.

여기에 소개하는 연날리기 놀이는 겨울철에 어디서나 많이 하는 놀이지만 다시 한번 숙제로 내어 보았다. 숙제로 낼 때는 연을 자기 손으로 만드는 것부터 시작해서 누가 높이 올리나, 연싸움, 편지 부치기 따위로 여러 가지 놀이를 함께 하도록 하는 것이 좋겠다.

연날리기밖에도 여러 가지 전통 놀이를 가르치고 마을에서도 할 수 있도록 자주 숙제로 내주도록 하자.

어, 내 꼬리가 날아간다!

병대와 집에 오는 길에 연날리기로 약속하고 달려왔다. 얼른 연을 가지고 병대 집으로 갔다. 병대 집에 가면서 연을 조금씩 날려 보았다. 병대는 없었다. 약속할 때 수경이 집 앞에서 날리자 한 말이 생각났다.

조수경 집 앞 논에서 연을 날리는 병대가 보였다.

"좋아, 내 연이 더 잘 날 거야."

나는 병대 옆에서 연을 날렸다. 병대가, "왔구나. 누가 더 잘 나나 시합할래?" 하였다. 나는 밝게 대답을 했다.

연줄을 잡고 바람 반대쪽으로 막 달렸다. 실을 '자르르' 풀었다. 줄이 미사일처럼 하늘 위로 올라갔다. 천천히 뒤로 물러나며 떠오르는 연을 보며 나는 히죽 웃었다. 바람은 속 시원히 싱싱 불었다. 옆에 있는 병대 연이 나와 같은 위치에서 도배기를 치며 땅으로 쿵 떨어졌다. 나는 안 떨어지도록 연줄을 막 당겼다. 해웅이는 연을 잘못 만들어서 날리지도

못하고 재용이와 같이 집으로 들어갔다. 다른 데를 둘러보니 길 쪽에서
도 연을 날리고 있었다. 나는 병대와 둑 쪽으로 올라가서 연을 날렸다.
얼마나 재미있던지, '내일도 날려야지, 아하!' 이런 생각을 했다. 아마
병대도 이런 생각을 했을 것이다.

이 논둑에서는 바람이 더 불어 연줄을 막 풀었다. 연이 이리 돌고 저
리 돌고 했다. '꼬리가 너무 짧나?' 하고 생각했다. 계속 날리고 있으니
주동민 형이 왔다. 내가 계속 형과 말하고 있으니 내 꼬리가 잘려 나갔
다. "어, 내 꼬리가 날아간다!" 하고 소리쳤다. 나는 꼬리를 주워서 어떻
게 할까 망설이다가 "해웅이 집에 가서 붙여야지." 했다.

나는 얼른 연과 꼬리를 가지고 해웅이 집에 갔다. 해웅이와 재웅이
가 연을 만들고 있었다. 밥풀을 얻어서 내 연 있는 데로 왔다. 나는 연
날리는 곳에 가서 다시 또 날렸다. 동석이 형이 기분 좋은 말로, "우와,
연 완성되었네!" 하였다. 나는 기분이 좋아서 연줄을 쥐고 막 달렸다.
신나게 연을 날리는데 잘못해서 동석이 형과 내 연줄이 꼬였다. 나는
고생을 했다.

다시 신나게 달렸다. 연이 휘청거리더니 또 꼬리가 끊겨졌다. 나는
해웅이 집에 가면서 "으으, 재수 없어." 했다. 도랑 옆에 연을 놓아두고
해웅이 집에 들어가서 풀을 빌려 나오며 놀랬다. 내 연이 물에 빠졌기
때문이다. 나는 연을 건져서 대나무를 뗐다. 병대보고 "이제 가자, 어둡
다." 하고 말했다.

"그래 알았다, 갈게."

나는 집에 가서 연을 만들어야지 하고 생각했다.

(경산 부림 초등학교 6학년 지동수 1991. 11. 20.)

와아, 병대 니 꺼 잘 나네

오늘 동수하고 조수경 저거 집 앞에서 연을 날리기로 했다. 바람이 쌩쌩 잘 불어서 연날리기에 아주 좋은 날이었다. 나는 "휴우, 약간 춥네. 그래도 쌩쌩 불어라." 하고 말하였다.

나는 가방을 벗어 놓고 금방 연을 가지고 논으로 갔다. 해웅이가 연을 날리고 있었다. 나는 속으로 '이번에 하늘 끝까지 날려 봐야지.' 하고 말하였다. 먼저 동쪽으로 뛰어가서 서쪽으로 달리면서 "야아 야아……." 소리쳤다. 역시 바람이 잘 불어서 처음부터 연은 아주 잘 날았다. 나는 "야, 봤지. 최소한 이 정도는 돼야지. 안 그렇나." 하고 막 자랑하였다. 내 연은 돌기도 하고 꼬리를 막 휘두르면서 멋지게 잘 날았다. 내가 연 밑에 붙인 태극 마크도 멋졌다.

시간이 좀 지나자 동수가 왔다. 동수는 "와아 병대 니 꺼 잘 나네." 하고 칭찬해 주었다. 나는 기분이 좋아서 웃으면서 "뭐 이 정도 가지고……." 하며 은근히 뻐겨 보기도 했다. 동수 꺼도 내 꺼와 마찬가지로 아주 잘 날았다. 그런데 내 것이 한 번 떨어졌다. "아이고, 안 떨어질 수도 있었는데. 그게 마 떨어지네. 아이고." 이러면서 다시 높게 하늘에 날렸다.

'아, 나도 저 연처럼 저렇게 높게 날았으면 얼마나 기분이 좋을까.' 하는 생각도 들었다. 나는 저절로 연처럼 붕 떠서 나르는 기분이었다.

나는 한참 정신없이 날리다가 어두워져 집으로 돌아왔다. 연은 높게 날아서 기분이 좋다고 내 뒤를 따라오면서도 빙빙 돌았다.

(경산 부림 초등학교 6학년 허병대 1991. 11. 20.)

이웃 돕기 성금 모으기

　텔레비전 방송을 보니 올해는 양로원이나 고아원에 찾아오는 사람이 줄었다고 한다. 텔레비전 화면에 비치는 그 모습들을 보니 나도 늙어서 저렇게 되면 어쩌나, 우리 아이들이 저렇게 되지 말란 법이 있을까 하는 생각이 문득 들기도 한다. 또 시내 길에서 다리 없는 아저씨를 만나면 그렇게 된 내 모습이 상상되어 섬뜩해지기도 한다. 그리고 사지가 멀쩡한 내가 미안스러워서 동전 몇 닢이라도 털어 주어야 마음이 좀 놓인다. 그런데 사람들 모습을 보면 이만큼의 마음이라도 가지고 있는 사람이 그렇게 많지 않다는 생각이다.

　내 배가 부르면 남의 배 고픈 줄 잘 모르는 모양이다. 한때 배 고팠던 사람들도 배가 부르면 그때를 잊어버리는 모양이다.

　가끔이라도 우리 이웃을 좀 돌아보자. 어려운 이웃을 돌아보는 것은 한두 사람으로 그쳐서는 안 된다. 밥술이나 먹고 사는 사람이면 모두 같이 하는 것이 더욱 뜻이 있다. 우리 아이들이 자기들끼리 이웃 돕기 성금 모금을 해 보겠다고 해서 그렇게 해 보라고 했다.

아이들 글을 보니 생각보다 어려움이 꽤 많았던 모양이다. 그렇지, 온갖 생각을 가지고 있는 사람들이 모두 내 마음 같지 않다. 욕하고 빈정대는 사람, 돈 떼어먹을까 의심하는 사람, 모금하는 것 자체를 아주 나쁘게 보는 사람, 별별 사람이 다 있다.

그렇지만 부딪쳐 보는 경험도 더러 해 보아야 한다. 아이들끼리 편리한 대로 모둠을 만들어 모금을 했는데, 20만 원이 넘는 성금을 모았다. 어떤 모둠은 돈을 모아 길에서 만난 다리 없는 아저씨에게 다 줘 버리기도 했다. 모은 돈은 방송국에 전달한 모양이다. 지금 생각하니 방송국에 보내기보다는 직접 양로원이나 고아원, 어려운 이웃을 찾아가서 따뜻한 사랑과 함께 전할걸 하는 생각이 든다.

한 번으로 끝낼 것이 아니라 일 년에 몇 번이라도 따뜻한 마음으로 찾아가도록 하는 것이 더 좋겠다 싶다.

지금 바쁘니까 나가

6모둠 의견에 의해서 정해진 재미있는 숙제는 모금으로 불우 이웃을 돕는 것이다. 숙제를 받았을 때는 별생각 없이 재미있겠다고만 느꼈는데 막상 하려고 하니 부끄러워서 막 안 하려고도 했다. 그래도 남자가 칼을 뽑았으면 무라도 잘라야지 싶어 간 것이다.

나는 찬수, 효준이, 경렬이랑 모금 운동을 벌였다. 경렬이와 효준이가 모금함을 만들어 왔는데 개판 오 분 전이었다. 막대도 없고 모금함도 불품이 없었다. 이렇게 소품에는 실패했어도 '실패는 성공의 어머니다' 생각하며 성금 모금에는 자신을 가졌다.

"느그들 법 어기고 그러면 안 된데이. 하다가 돈 모은 거 깡패한테 다 빼앗겨 버리면 어떻게 할 거고."

아빠 말씀이 무섭긴 했지만 우리를 이길 수 있겠는가! 세찬 바람을 가르며 우리는 계속 소리를 질렀다.

"불우 이웃을 도웁시다!"

사람들은 우리들을 식 보더니 쓱 지나갔다. 경렬이가 그때 말했다.

"야, 우리들부터 돈 넣자."

효준이가 2,300원을 내고 우리 엄마가 1,000원을 내었다. 가다가 찬수도 500원, 경렬이도 마지막에 내었다. 우리가 돈을 낸 이유가 있다. 내가 남을 도와주어야지 남들도 도와주기 때문이다. 모금 운동을 하는 우리가 남을 돕겠다는 마음이 갖추어지지 않았는데 어떻게 남들이 불우 이웃을 돕겠는가. 경렬이가 말했다.

"야, 아는 집에 찾아가 볼래? 내 저쪽에 정평 참기름 집 아니까 한번 가 보자."

모금함을 들고 저 혼자 뚜벅뚜벅 가더니 돈 천 원을 넣어 오는 것이다.

"아줌마가 서서 돈 전 원 주드나?"

"안녕하세요? 인사하고 '불우 이웃을 돕자고 성금 모금 운동 하거든요. 좀 도와주세요.' 이랬더니 서슴치 않고 돈 천 원 주시더라."

처음 돈을 받아 기분이 좋았다. 하지만 아는 집만 돌아보기는 힘들 것 같아 내가 말을 꺼냈다.

"야, 한번 적극적으로 해 보자."

이제는 적극적으로 했다. 다리 위에서 한 아저씨께 "아저씨, 불우 이웃을 도웁시다. 십 원도 좋고 백 원도 좋습니다." 하면서 계속 따라갔더니 200원을 주머니에서 꺼내 넣어 주었다. 이렇게 적극적으로 해도 안 내는 사람은 안 내는 것 같다. 어떤 연인이 같이 가길래 "불우 이웃을 도웁시다. 작은 정성이 받는 이에게는 큰 기쁨이 됩니다." 죽도록 외쳐도 힐끔힐끔 보며 웃다가 가 버리는 거다.

학교로 가는 일은 모금 운동을 제대로 못 했다. 깡패같이 보이는 사람이 너무 많아서 모금함 숨기기가 바빠서이다. 동사무소 있는 데까지는 크게 소리 질렀는데 우리 도매 문구 있는 데서 험상궂은 아저씨 여러 명이 서 있는 거다. 털까지 길러 너무 무서운 데다 욕까지 들리는 거다. '깡패 맞다' 싶어 모금함을 뒤로 숨기다 다시 반대쪽으로 가렸다. 다행히 지나갈 수 있었다.

약간 밑에서도 그랬다. 어떤 중학생쯤 되는 형 둘이서 얼굴을 약간 찌그러뜨리고 껌을 짝짝 씹으며 오는 거다. "모금함 숨기라." 작게 말하고 얼른 아까 전처럼 했다. 우리를 힐끔 봐서 놀랬지만 돈을 빼앗기지는 않았다. 학교에 도착하자 문구점들을 돌아다니려고 하는데 효준이가 말했다.

"문구점 같은 데는 돈 안 준다."

그만두고 시장으로 내려가면서 다시 소리를 질렀다.

"불우 이웃을 도웁시다! 불우 이웃을 도웁시다!"

들은 체도 안 하고 지나가는 사람들이 얼마나 얄미웠는지 모른다. 다시 적극적인 방법으로 말했다. 어떤 아줌마와 아이 둘이가 지나가는 거다. 우리, 아니 내가 걸어가서 말했다.

"아줌마, 백 원도 좋고 십 원도 좋습니다. 불우 이웃을 도웁시다."

아줌마는 주머니를 뒤지더니 100원짜리 하나를 던져 주시는 거다. 그래도 주신 것은 고마워서 "감사합니다." 하며 고개 숙여 인사했다. 슬금슬금 내려오면서 아무리 죽기 살기로 외쳐도 아무 반응이 없었다. 이제는 본격적인 시장이다. 시장에서는 돈을 많이 모을 것 같아서 기대가 많이 되었다. 왜냐하면 사람들의 집합지이기 때문이다. 시장으로 들어가면서 모든 사람들이 들을 수 있게 소리 질렀다.

"불우 이웃을 도웁시다!"

사람들은 우리를 본 척 만 척하고, 미친 사람같이 보기도 했다. 시장 장사꾼들은 우리를 거들떠보지도 않고 돈은 꿈에도 안 줄 것 같은 눈치였다. 그래도 시장 1/3쯤 가니 어떤 누나 한 명이 과자라도 사 먹으라는 눈치로 200원을 넣어 주었다. 친척 아줌마가 시장에서 장사를 하셔서 올라가 봤다.

"안녕하세요? 저 모금 운동을 하는 중인데요……."

"오, 혁준이 아이가, 자."

1,000원짜리 한 장을 서슴없이 넣어 주시는 거다.

시장 끝까지 올라갔다가 내려왔지만 별 성과가 없었다. 시장에는 이제 우리에게 돈 줄 사람이 너 이상 없을 것 같아서 나왔다. 이제는 마지막 수법이다 싶어 모르는 가게라도 막 들어갔다. '아그네스'라는 금은방에 나와 경렬이가 같이 들어갔다.

"아저씨, 불우 이웃 성금 모으려고 왔는데요……."

"지금 바쁘니까 나가."

너무나 매섭게 말하는 거다. 다시 가게를 돌아다녔으나 성과는 없었다. 명진 문구 앞에 왔을 때 경렬이가 말했다.

"내 이 집 잘 알거든. 돈 많이 얻을 수 있을 거다."

으스대며 들어가더니 5,000원을 손에 쥐고 걸어오는 거다. 큰 돈을 처음 받아 너무 기분이 좋았다. 경렬이 집으로 가면서도 모금 운동은 계속됐다. 경렬이 집 근처라 아는 가게 모르는 가게 막 들어가는 거다. 그래도 수입은 좋았다. 그런데 아는 집에서만 천 원 오천 원을 도와주었지 모르는 데서는 백 원 이백 원도 안 넣어 주었다. 참 너무한 것 같다. 하긴 우리가 어리고 장난으로 하는 것 같으니까 돈을 안 넣어 주는 게 분명하다. 우리를 못 믿는 거다.

경렬이 집에 도착해서 돈을 헤아려 봤다. 모두 15,050원이다. 하여튼 간에 우리 네 명의 힘으로 모은 돈인 것이다. 돈은 이렇게 모았으니 끝맺음이 중요하다. 우리 반에 모두 모아 불우 이웃을 직접 돕거나 방송국에 전달해야 한다. 지금 생각해 보니 거들떠보지도 않은 사람이 눈에 선하다. 너무 못 믿는 사회, 안 도와주는 사회, 이기주의 사회로 변한 것 같아 참 섭섭하다. 그런 사회가 되어서는 안 될 텐데 말이다.

(경산 중앙 초등학교 6학년 권혁준 1993. 12. 5.)

열심히 해, 존경스럽다

선생님께서 "오늘 재미있는 숙제는 뭘로 할지 한 가지씩 생각해 봐라." 하며 명령을 하셨다. 나는 문득 불우 이웃 돕기 성금 모으기가 생각났다. 하지만 말할 용기가 나지 않았다. 아무도 발표를 하지 않자 선생님께서 "모둠끼리 생각해 보고, 토의해 봐라." 하고 말씀하셨다. 나는 얼른 모둠 아이들에게 "얘들아, 우리 불우 이웃 돕기 성금 모으기 한번 해 볼래?" 하며 말했다. 아이들은 "그래, 그게 좋겠다." 하며 모두가 찬성을 하였다.

선생님께서 생각할 시간을 주신 뒤 1모둠부터 물어보셨다. 우리 모둠으로 빨리 오기를 기다렸다.

"6모둠 빨리 말해 봐라." 하며 부추기셨다. 유리가 일어나 우리 모둠의 생각을 말하니 선생님께서 "이걸로 한번 해 봐?" 잠시 망설이시더니 "그래 한번 해 보자." 하며 하는 요령을 가르쳐 주셨다. 나는 괜히 마음이 들뜨고, 내 생각으로 재미 숙제를 한다는 것이 자랑스러웠다. 나는 빨리 일요일이 왔으면 했다.

드디어 일요일이 다가왔다. 나는 5모둠과 함께 대구에 가기로 하였다. 시간을 맞추어 나가니 아이들이 일찍 나와 기다리고 있었다. 우리는 대구 망경관 근처에 가기로 하고 버스를 탔다. 버스를 타니 머리가 무척 아팠다. 하지만 모금할 생각을 하니 아픈 머리가 싹 낫는 것 같았다. 드디어 망경관 근처에 도착을 하였다. 대구 백화점 쪽으로 걸어가니 사람이 무척 많이 있었다. 계속 걸어가니 한 아주머니가 아기를 눕혀 놓고 엎드려 있었다. 그 아주머니보다 거기에 누워 있는 아기가 더 불쌍하였다. 나는 마음속으로 '죄 없는 아기는 왜 저렇게 불행한 삶을 살아야 할까?' 하는 생각을 하였다.

우리는 대구 백화점 후문 골목에서 '불우 이웃을 도웁시다!' 하고 외치고 싶었다. 하지만 용기가 나지 않고, 계속 웃음만 나오고 부끄러웠다. 사람들은 지나가면서 "자신 있게 해야지. 열심히 해." 하며 우리에게 용기를 불어넣어 주었다. 나는 그 사람들이 고마웠다. 하지만 우리는 역시 제대로 하지 못하였다. 그러자 우리 옆자리에서 그림을 팔고 있던 아저씨가 "너거 자신 있게 해라. 자랑스러운 일 아니가. 여기 평당 팔천만 원이데이." 하며 웃었다. 그 아저씨가 너무 고마웠다.

우리는 다시 용기를 내어 "불우 이웃을 도웁시다!" 하고 외쳤다. 그러자 사람들이 웃으며 지나갔다. 어떤 아저씨는 "너그 뭐 하노? 자들이 미쳤나." 하며 손짓을 하였다. 그리고 어떤 아주머니는 "너희들 이래가 과자 사 먹을라 카재." 하며 눈을 흘겼다.

'내가 왜 그런 생각을 해 내었을까?'

나 자신이 원망스러울 뿐이었다. 우리는 잘 되지 않아 남자와 20분씩 교대로 돌아가며 모금하기로 했다. 백화점을 한 바퀴 돌아 밖을 내다보니 남학생들은 "불우한 이웃을 도웁시다!" 하며 다니고 있었다. 나는 남학생들이 너무 기특하고 자랑스러웠다. 다음은 우리 차례, 백화점을 돌아볼 때 들뜨고 부풀었던 마음은 어디론가 사라져 버렸다. 우리는 남자아이들과 교대를 하고 외치기 시작했다. 처음에는 서로 얼굴만 바라보고 웃기만 하였지만 시간이 갈수록 솜씨와 요령도 조금씩 늘어가는 것 같았다.

은정이 "야, 우리 용기 내자. 이렇게 서 있을 수 없잖아." 하며 말했다. 나도 이렇게 서 있을 수만 없다고 생각하고 자신 있게 외치기 시작하였다. 그랬더니 어떤 언니가 1,000원을 넣어 주며 "열심히 해, 존경스럽다." 하고 지나갔다.

그 언니의 그 말 '존경스럽다'는 소리가 더 듣기 좋았다. 나는 자신감이 저절로 생겨났다. 하지만 남자아이들보다 조금밖에 모금하지 못하여 남자아이들에게 부끄러웠다.

우리는 거기에 있으니 배가 고프고 춥기도 하였다. 남자아이들이 먼저 점심을 먹고 왔다. 우리는 남자아이들에게 모금함을 다시 주고 편의점을 찾아가 라면을 먹었다. 나는 라면을 먹으면서 나를 이렇게 행복하게 지낼 수 있게 해 주신 어머니와 아버지가 무척 고맙게 느껴졌다. 라면을 먹어도 배는 그렇게 차지 않았다.

우리는 다시 가서 모금을 하기 시작하였다. 한 세 시간쯤 하였을 때 우리는 너무 힘이 들어서 집에 가려고 버스 정류장으로 갔다. 그런데 남자아이들이 동아 쇼핑에 구경을 하러 가자고 하였다. 여자들은 남자아이들을 따라갔다. 그런데 남자아이들이 거기에서 모금을 하라고 하였다. 그래서 남자아이들과 다투었다. 여자들은 남자아이들을 떼어 놓고 버스를 타고 집에 왔다. 오는 길에 남자아이들이 우리를 찾아 헤매는 것을 발견하였다. 나는 그 모습을 보니 너무 고소하였다.

우리는 우선 영실이 집에서 돈을 계산했다. 29,650원이었다. 우리들은 너무나 실망이 컸다. 그렇게 고생해서 돈을 모았는데 그 결과가 겨우……. 우리가 영실이 집에서 오징어를 먹고 앉아 있으니 영실이 아버지께서 5,000원을 기부해 주셨다. 나는 너무나 고마웠다. 우리는 굳은 마음으로 다시 영대 앞으로 갔다. 영대에 가니 대학생들이 무척 많이 있었다. 우리는 영대 가게를 다 돌아다니기로 하고 첫 번째 집인 천마 복사집에 가니 사람이 많이 있었다. 우리가 모금함을 들고 들어가니 아주머니가 손을 흔들며 인상을 찌푸렸다. 우리는 그 아주머니의 인상에 자신이 사라져 버렸다. 우리는 여러 집을 돌아다녔지만 2,000원밖에 얻지 못했다.

우리는 힘없이 버스를 타고 집으로 돌아왔다. 총 37,360원이었다. 집에 들어가니 어머니께서 꾸중을 하셨다. 남을 도우기란 정말 힘든 것이라고 생각하였다. 나를 이렇게 행복하게 지낼 수 있도록 해 주는 부모님이 너무 고맙다. 우리 모두가 불우 이웃에게 조금씩만 관심을 가지고 도와준다면 그 사람들은 우리에게 많은 고마움을 느낄 것이다. 그리고 힘을 내어 살 것이다.

나는 "우리 모두 이웃에 있는 사람을 한 번씩 돌아봅시다!" 하고 외친다.

(경산 중앙 초등학교 6학년 정광명 1993. 12. 6.)

광고,
무엇이 문제인가?

우리는 광고의 홍수 속에 살고 있다. 텔레비전을 봐도 그렇고, 신문을 봐도 그렇고, 책을 봐도 그렇다. 더구나 잡지책 가운데는 반 이상이 광고물로 꽉 차 있는 것도 있다. 길거리 벽이란 벽은 온통 광고물로 도배를 해 놓은 것 같고, 시내버스 겉에도 안에도, 택시 지붕에도, 도시 건물 옥상에도 온통 광고물이다.

광고는 정보를 정확하게 알려 사람들이 바로 알도록 해 주어야 하는 것이라고 본다. 그런 광고는 사람들에게 여러 가지 정보를 바르게 제공해 주지만 그렇지 못한 광고는 오히려 해를 끼치는 면도 많다. 더구나 어른들 대상으로 광고를 만든 것이 대부분인데 이것들 가운데는 아이들에게 아주 크게 해를 끼치는 내용도 많다. 그 광고들 가운데 어떤 것들이 얼마나 잘못되어 있는가를 아이들 스스로 찾아내고 비판하여 잘못된 것들을 아무 의식 없이 받아들이지 않도록 해야 한다.

조사할 때는 크게 나누어 실제보다 부풀려서 광고하는 것(내용물의 양, 그 물건을 쓸 때의 효과, 성분 표시, 물건의 질 따위), 광고 그림이 정서를 해칠 수 있는 저질인 것인가 아닌가, 광고 그림 색깔이 너무 야단스러워 눈 건강을 해치는 것은 아닌가, 사람들에게 과소비를 부추기는 내용은 아닌가 따위로 나누어 해 보도록 하는 것이 좋다. 또 아이들이나 어른들이 보는 책 아무 데나 광고하는 문제, 벽에 아무 데나 붙어 놓는 광고물 문제, 영화 선전 광고 내용의 문제들을 찾아보면 참으로 많다. 이것들을 한꺼번에 하지 말고 모둠별로 나누어 깊이 조사해서 발표를 하도록 하든지, 아니면 한 부문씩 여러 번으로 나누어 깊이 파헤쳐 보는 것도 좋겠다.

우리 어린이들이 뭘 배우겠습니까?

재미있는 숙제가 있어서 오후에는 방에만 있었다. 잘못된 광고를 찾아야 했기 때문이다. 텔레비전과 신문만 자주 보았다. 하지만 이상하게 내 눈에는 잘못된 광고란 눈에 뜨이지도 않았다. 그것은 나나 모든 사람들이 어느 것이 잘못된 광고이며 또 어느 것이 올바른 광고인지 잘 모르기 때문이다. 내 생각으로는 '아, 텔레비전에 나오니까 좋은 것이구나.'라는 생각을 가지고 있기 때문에 그렇지 않나 본다. 모두 마약에 중독된 사람처럼 된 것이다.

오늘은 텔레비전만 보면 모든 것이 좋고 모든 것이 옳은 것이구나 생각하지 말고, 바르지 못한 것이 어떤 것인지, 바른 것이 또 어떤 것인지 찾아서 알아보기로 했다. 열심히 찾아도 눈에 뜨이지 않았다. 드디어 잘못된 광고를 찾아냈다. 우리 가정에서 쓰는 일회용 행주 광고, 여자들의 속옷 광고, 또 자동차 광고와 화장품 광고이다. 이 네 가지 중 내 눈에 처음으로 뜨인 것은 일회용 행주 광고다. 이 광고에서는 처음에 할 때 "행주, 안녕."이라는 말을 강조하는 듯했다. 이 말은 그래도 괜찮다. 이 뒷말이 더 기가 막힌다.

"그럼 깨끗하게 시작해 볼까?"

이 말이 잘 어울릴까? 앞뒷말이 잘 이해될 수가 없다. 만약 행주를 사용하지 않는다면 일회용 행주를 많이 써야 한다. 그렇게 되면 쓰레기가 많아져 더 더럽게 되는데 어떻게 깨끗하게 시작한다고 할 수 있을까? 말이 맞지 않는데 어떻게 끼워 맞추었을까? 가정에서 이 광고대로 행주를 사용하지 않고 일회용을 사용하면 큰일이다. 쓰레기 더미가 눈앞에 아른아른거린다.

두 번째로 내 눈에 뜨인 것은 속옷 광고다. 텔레비전에 보면 여자의 살결을 다 보이면서 여자의 옷을 선전하는데 왜 그래야만 하나? 아, 당연히 이 광고를 낸 사람들은 더 확실히 생동감 있게 보여 주기 위해서겠지만 어떻게 여자 팬티나 브래지어를 직접 입혀서 해야 되냐 이 말이다. 그냥 단순하게 마네킹이나 인형에 입혀서 해도 되고, 그냥 옷의 모양만 보여 주어도 될 것이다. 좀 주의했으면 좋겠다.

세 번째로는 자동차 광고다. 겔로퍼 자동차 선전이 특히 더 그런데, 이 광고는 자갈길, 사막, 도로에서 마구잡이로 심하게 운전하는 것이 문제다. 이 광고를 만든 사람들은 이 차는 이런 곳도 잘 갈 수 있고, 힘이 세다는 것을 강조하기 위해서 만들었겠지만 이런 광고를 보고 우리 어린이들이 뭘 배우겠습니까? 난폭 운전을 배우겠지요. 꼬마들이 "나도 커서 저런 차를 사서 신나게 달려 봐야지." 이런 말을 한다. 이거 문제가 되지 않겠습니까? 이런 자동차 선전은 자동차의 내부를 보여 주고, 규칙을 지키며 안전하게 달려가는 모습을 보여 주는 것이 더욱 좋을 것이라고 생각한다. 그러면 그런 차를 사는 사람도 마음 놓고 살 것이다. 이것 외에 화장품도 있다. 얼굴만 보이면 될 것도 꼭 위의 반 정도는 살결이 그대로 드러나도록 한다. 이것 또한 옳지 않다. 화장품 선전인데 밑은 왜 보여 줍니까? 정말 광고 가운데 문제 있는 것이 많다.

내가 조사한 광고의 문제점 비율을 보면 이렇다.

▶ 일회용품 5/8

▶ 속옷 12/20

▶ 자동차 5/10

▶ 화장품 2/5

이런 것들을 우리가 보고 있다니 정말 너무 놀랐다. 그래서 말인데 광고를 만드는 사람들은 노인, 어른, 청소년까지 고루 볼 수 있는 광고를 만들었으면 좋겠다. 난폭하지도 않고, 야하지도 않게 말이다. 한마디로 우리에게 유익하고 많은 도움을 줄 수 있는 광고가 만들어졌으면 좋겠다.

(경산 중앙 초등학교 6학년 이미례 1993. 11. 13.)

야한 광고

오늘의 재미 숙제는 광고 조사다. 나는 광고 조사라는 말을 들으니 기뻤다. 그 이유는 전번에 주장하는 글을 쓸 때 광고의 문제점을 적었기 때문이다.

난 집에 와서 모아 둔 신문이나 잡지책을 꺼내 왔다. 먼저 잡지책을 한 장 한 장 넘겨 보았다. 넘길 때마다 여자의 누드 모습이 많이 나왔다.

그리고 가끔씩 주방 기구나 드레스, 양복, 어린이 장난감 등 보통 광고가 나왔다. 야한 광고는 남자보다 여자 모델이 훨씬 더 많았다. 남자의 누드 사진 중에 어떤 남자가 난닝구와 팬티만 입고 팬티 광고를 했다. 팬티만 입고 있는 남자는 부끄러워 하는 표정이 아니고 오히려 자랑스러운 표정을 하고 있었다. 그리고 팬티 쪽에는 볼록하게 튀어나와 고추라는 것을 금방 알 수가 있다. 다음은 여자다. 어떤 여자가 짧은 바지와 브래지어만 입고 옆으로 비스듬히 누워 있는 브래지어 광고가 있었다. 이런 야한 광고는 잡지책에만 있는 것이 아니었다. 신문, 텔레비전, 통닭집, 횟집, 식당 등 여러 곳에 여자 누드가 많이 있었다. 그런데 먹는 것 선전하는데 옷 벗은 여자는 왜 나와야 하는지 이해가 안 간다.

신문에서는 영화 광고에 여자 누드가 많이 있었다. '배꼽 위의 여자'라는 영화는 제목처럼 사진도 야한 그림이었다. 사진의 내용은 어떤 여자가 하얀 잠옷을 입고 있었는데 가슴이 있는 쪽은 살이 보이도록 모두 벗었다. 그리고 왼쪽 다리를 세웠기 때문에 잠옷이 모두 밑으로 내려가 허벅지, 그것도 아슬아슬하게 살이 다 보였다. 그러나 이 여자는 조금이라도 부끄러워하지 않고 자기의 모습이 자랑스럽다는 표정을 지었다. 마치 우리도 그렇게 하라는 것처럼 느끼게 된다. 그리고 다른 영화 광고는 밑에는 이불을 덮고 위에는 살이 보이게 옷을 다 벗고 브래지어만 하고 있었는데 그 브래지어의 끈이 풀려 밑으로 내려갈려고 하는 모습이었다. 이것 말고도 영화 광고는 많이 있었다. 예를 들자면 무단 침입, 서편제, 피아노, 암흑가의 두 사람, 물랭루즈, 첩보원 가족, 헥시나 등이다. 이런 여러 개의 영화 광고를 보면 제일 먼저 야한 광고의 영화가 먼저 눈에 띄었다.

나는 신문지를 접고 텔레비전을 켜 보았다. 그러니 비누 광고를 하고 있었는데 어떤 여자가 가슴이 있는 곳부터 입은 검은색 옷을 입고, 머리를 다 풀어 누워서 카메라가 있는 쪽으로 보고 있었다. 그때 "피부가 울고 있어요." 하며 검은색 양복을 입은 어떤 남자가 손을 여자 얼굴에 갖다 대었다. 다시 "연약한 피부에는 ○○○." 하며 다른 광고로 넘어갔다. 진흙 맛사지 광고인데 어떤 여자 연예인이 온 얼굴에 진흙을 바르고 어깨까지 살이 보이도록 벗고 "맛사지에는 진흙 맛사지." 하며 다른 광고가 나왔다. 나는 왜 광고를 할 때마다 아무 데나 여자가 옷을 벗은 모습이 나오는지 모르겠다. 여자가 어디 선전하는 물건이가?

그리고 우리나라 광고는 일본 광고를 보고 비슷하게 하는 것이 많다고 한다. 확실이 어떤 것인지는 잘 몰라 말을 안 하지만, 그런 거 하나도 우리대로 못 하나 싶은 생각이 든다. 일본에서 광고를 하는 것을 비슷하게 하는 것보다 자기가 창의적으로 새롭게 연구해서 했으면 좋겠다. 꼭 야한 광고를 해야만 선전이 잘 되는 것은 아니라고 생각한다. 어른들은 아이들 생각은 조금은 하고 있다고 본다. 왜 그러냐 하면 완전히 다 벗지는 안 하기 때문이다. (경산 중앙 초등학교 6학년 이해영 1993. 11. 4.)

우리 마을은
어떻게 변하고 있나?

　사람들은 자기가 지금 몸담고 살아가는 고장에 대해서 얼마나 관심을 가지고 있는지 모르겠다. 아마 별 관심이 없어 어느 구석에 무엇이 어떻게 되는지 모르고 사는 사람도 참 많을 것이다. 그건 삶의 터전이 어떻게 되든 그냥 남에게 맡겨 놓고 살거나, 남의 삶터에 얹혀사는 것이나 다름없지 않겠나.

　한 사람 한 사람이 주체적으로 살아가야 한다. 그러면 우리가 터잡고 살고 있고, 앞으로 우리 자식들이 터잡고 살아갈 우리 고장의 환경을 함부로 버려 두시는 않을 것이다. 그런 어른이 되도록 하자면 어릴 때부터 고장을 사랑하는 마음을 길러 주는 교육을 해야 할 것이다. 물론 다른 고장도 사랑하고, 나아가 우리나라를 사랑하는 마음으로 이어지도록 말이다. 처음에 그런 깊은 뜻을 두고 이 재미있는 숙제 '우리 마을은 어떻게 변하고 있나?'를 내준 것은 아니지만 이제 그런 뜻을 두어도 될 성싶다.

조사를 할 때는 조사 범위를 좁혀서 하게 하는 것이 좋다. 범위를 넓혀서 깊이 조사하는 것은 시간이 많은 방학 때에 하도록 한다. 우선 자기가 사는 동네를 중심으로 해 보도록 한다. 방법은 지역별로 나누어서 하든지, 주택, 길, 삶의 모습 따위 분야별로 나누어서 하는 방법이 있겠다. 변한 것 가운데도 문제점은 무엇인가 찾아보게 하고, 또 해결책도 아이들 나름대로 찾아보도록 하자.

그러자면 현장에 찾아가 조사하기도 하고, 옛날 일은 나이 많은 어른들께 이야기도 듣도록 해야 한다. 변화 모습을 한눈에 알 수 있도록 표나 그래프도 만들어 보게 하고, 할 수만 있다면 사진도 찍어 내보이면 더욱 좋겠다. 이렇게 하자면 계획이 자세하게 세워져야 한다. 교사는 과제를 낼 때 아이들과 같이 구체적인 계획을 세우도록 해야 한다. 그래야만 아이들이 재미있게 할 수 있다.

정평동, 옥산동의 변화와 발전

선생님께서 재미있는 숙제로 우리 마을이나 우리 고장의 변화 모습을 알아보라고 하셨다. 그래서 아침부터 우리 고장의 변화 모습에 대해서 생각해 보다가, 나가서 실제로 보면 더 이해가 쉬울 것 같아서 수첩, 연필, 지우개를 들고 밖으로 나갔다.

먼저 건물에 대한 변화나 발전 모습 또는 잘못된 점에 대해서 알아보기로 했다. 예전, 아니 내가 3학년 때 전학 올 때만 해도 아파트는 거의 찾아볼 수 없을 정도였지만 차차 우방 1, 2차, 세광, 현대, 태왕 같은 아파트가 정평동에 들어서게 되었고, 다음으로는 옥산동에 창신, 우방, 청구까지도 짓게 되었고, 이번에 또다시 우방 3차를 짓고 있다. 경산 시

내에서 약간 벗어난 쪽에 있긴 해도 계양동의 아파트 단지는 아주 대단
하다. 그 근처에 새로 들어서는 단독주택까지 합하면 건물의 수가 늘어
난 것은 엄청나다.

조금 앞에 옥산동 아파트와 일반 주택 단지의 규모도 대단하고, 사
정동에 지금 아파트를 짓기 위해 터를 닦는 것을 보면 대구 시지동 아
파트로 이어져 대구하고 이어질 날도 멀지 않았다고 본다. 아파트 건물
만 보아도 얼마나 많은 발전이 있었다는 것을 알 수 있다. 그런데 이렇
게 많은 변화와 발전이 있는 것도 좋기는 하지만 안 좋은 점도 있다. 무
엇이냐 하면 이렇게 커다란 건물을 많이 지으면 사람이 쉴 자리가 줄어
들 뿐 아니라, 아파트로 인해서 서로의 인심도 잃어갈 것 같기만 하다.
자기 집 문만 닫으면 옆사람이야 어떻든 서로 모르고 지내기 때문이다.

다음으로는 길에 대한 변화다. 지금 보면 길이 넓혀진 곳이 매우 많
다. 특히 옥산동에 옥산 아파트가 들어서 있는 곳은 모두가 산이 아니
면 논밭이었다. 그런데 지금은 아파트를 잇는 길과 아파트 근처와 단독
주택이 들어설 자리에는 모두 새로 아스팔트 길이 훤하게 났다. 대구로
나가는 쪽에 지금 길을 넓히고 있다.

이렇게 많은 발전과 변화가 있었지만 좋지 않은 변화도 한두 가지
가 아니다. 어떤 것들이 있냐 하면 첫째로 우리 고장뿐만은 아니지만
자동차고 트럭이고 할 것 없이 차의 대수가 엄청나게 늘어났다는 것이
다. 예를 들면 우리 옆집 아저씨는 처음에 트럭이 한 대 있었는데 그것
도 모자라서 승용차를 샀다. 그러면서도 트럭은 팔지 않고 그대로 두는
것이다. 내가 보기에 트럭도 별로 쓰지 않으면서 말이다. 그리고 또 하
나의 예는 오늘 낮에 슈퍼에 가기 위해 건널목으로 건너려고 서 있는데

낮인데도 차가 막혀서 빠져나갈 수 없을 정도였다. 그다음 둘째 문제로 환경오염이 이만저만이 아니라는 것이다. 교실에 서서 창 밖을 보면 스모그 현상처럼 뿌옇게 보이기도 하고, 산의 나무나 우리 집 쪽의 나무들을 보면 공기의 오염 때문에 잎이 그리 푸르지 않은 걸 볼 수 있다. 그리고 수질 오염이 되어 물에는 스티로폴이나 빈 깡통 같은 쓰레기도 많이 버려져 있고, 이끼가 푸른색이 아니라 검정으로 변해 있다.

지금까지 변화와 발전의 모습 가운데도 내 눈에 얼른 들어오는 것만 몇 가지 보았다. 변화와 발전은 우리에게 꼭 필요한 것이고 좋은 것이기도 하지만 다른 면으로 보면 우리 고장의 변화, 아니 우리나라 변화까지도 그리 좋은 것만은 아니라는 생각이 든다.

발전하거나 변화된 모습을 요약해서 정리하면 다음 표와 같다.

〈정평동, 옥산동 중심으로〉

동 이름	발전하거나 변화된 모습
정평동	태왕, 세광, 현대, 우방 1, 2차 아파트가 지어졌고 상가도 많이 지어졌으며, 지금은 우방 아파트 3차를 짓고 있는 중이다. 길도 새로 뚫린 곳이 많고 가게도 많이 생겼으며 사람들의 생활 모습도 많이 바뀌었다.
옥산동	창신, 옥산, 우방, 청구 아파트가 많이 지어졌으며, 길도 많이 나 있고, 지금은 개나리, 협화 타운도 짓고 있다. 상가나 가게도 많이 생겼다. 옥산동에는 아파트 말고도 제일 합섬 근처에 단독주택 지을 자리도 아주 넓게 닦아 놓았는데 지금 한 집 두 집 짓기 시작하고 있다.
문제점	공기 오염, 물 오염으로 인해서 많은 식물이 피해를 입고 있으며, 자동차도 많이 생겨 교통 문제가 크다. 경산에서 대구 나가는 길은 언제든지 차가 밀려서 문제다. 시내도 온 천지에 차다. 서로의 일에 관심을 가지지 않고 인심이 메말라 버리는 점 등이 문제점이다.

(경산 중앙 초등학교 6학년 박정미 1993. 11. 21.)

큰 도시같이 되어 버렸다

우리 고장이 변한 걸 난 별로 느끼지 못하고 있었는데 다시 자세히 살펴보니 변한 게 엄청나게 많았다.

"어머나, 언제 저렇게 변했지? 오마 오마 오마……."

이런 말이 나도 모르게 튀어나올 정도로 많이 말이다. 얼마 전만 해도 시골풍이 수두룩하던 곳이 이젠 큰 도시같이 되어 버렸다. 건물도 많이 생겼고, 공기도 조금씩 더러워졌다.

나는 옥곡동과 사정동과 옥산동과 그 외 한 곳을 옛날과 비교해 보았다. 육교로 올라가면 시간도 많이 걸리지 않고 산 다음으로 잘 보이는 곳이므로 육교로 갔다. 육교는 옥곡동과 사정동, 옥산동, 역이 있는 사정동 쪽의 중간에 있다. 그냥 한 바퀴를 주욱 돌아보니 지금까지 늘 봐 왔던 것들과 다른 게 별로 없었다. 그런데 다른 데로 이사 갔다 오시는 분들은 줄곧 "많이 변했어. 변했구말구." 하신다.

새삼 내가 어렸을 때 꿈에서조차 싫어했던 육교에서 밑을 내려다보던 때가 생각났다. 아, 그러고 보니 너무나 변했다. 옛날에는 시골티가 났는데 지금은 작은 도시로 변한 것이다. 건물로 친다면 옥곡동에는 이층집이 많이 들어섰다는 것이다. 사정동에도 가게와 집이 더 생겼고, 옥산 있는 쪽에는 청구, 창신, 우방 아파트가 생겼고, 이쁜 장산 초등학교가 하나 생겼다. 그밖에 집도, 가게도 더 많이 생겼다.

집으로 돌아와 어머니께 물었다.

"엄마, 지금 옥산에 창신, 청구, 우방 아파트가 차례로 세워져 있잖아요? 그리고 그 뒤편에 협화도 있고 말이에요. 그 지역은 옛날에 무엇이었어요?"

"응, 그건 왜?"

"그냥 궁금하고 알고 싶어서요. 엄마아 엄마아 엄마 가르쳐 줘요."

"별 희한한 게 다 궁금하다." 하시더니 이어서 이야기해 주셨다.

"지금 창신과 청구, 우방 아파트는 보자, 내리막길 산이었을 거다. 그리고 협화는 옛날에 무덤이 많은 곳이었지."

"그럼 공동묘지요?"

"공동묘지는 아닐 게다. 어쨌든 협화는 그 무덤을 밀고 짓고 있지 아마."

섬짓했다. "예? 정말이세요?" 놀라서 어머니께 다시 물었더니

"왜, 무섭나? 아주 옛날에 니 배고 여기 이사 와서 옥상에 올라가 있으면, 시원해서 자주 올라갔거든. 그런데 거기서 산 있는 쪽을 보면 반짝 빛나는 게 있어. 그거 뼈가 부딪쳐서 나는 빛이거던. 이런 걸 보면 시체 놔두는 곳이었을지도 몰라. 아주 옛날에는 말이야."

하시는 것이다. 어머니께서 해 주시는 이야기는 나에게 완전히 전설의 고향이었다.

"엄마, 바로 밑 마을에 세 갠가 네 갠가 이층집이 세워졌잖아요. 거긴 옛날에 무엇이었어요?"

"참 나, 진짜 별거 다 묻네. 대신 설거지해. 거긴 아마 밭이었을 거야. 이젠 됐제. 물 안 나오기 전에 설거지해라."

나는 다시 육교로 갔다. 그런데 육교로 올라가던 도중에 매우 더러운 것을 보았다. 육교 바로 밑이 도랑물인데 정말 무지무지 억수로 더러웠다. 거기서 발도 담그고 소꿉놀이도 하였는데 이제는 보기도 싫을 정도다. 그냥 얼굴을 돌려 육교로 올라갔다. 육교에서 다시 주위를 돌

아보았다. 정말 변했다.

우리 식구들도 그렇고 다른 사람도 잘 의식하지 못할지 모르지만 너무나 많이 변하였다.

동 이름	옛날	오늘
사정동	거의 밭과 과수원이 있었고, 가게는 두 개밖에 없었다. 길은 흙길이었다.	밭이 거의 없어지고 아파트와 여러 건물이 들어섰고, 비디오 가게 그리고 슈퍼가 네 개로 늘었다. 또 새로운 가게가 많이 생김. 또 삼육 학교가 생겼고, 건물을 4층으로 올렸다. 길은 아스팔트, 시멘트 길로 바뀜.
옥곡동	모두가 흙길이었고, 이층집은 눈 씻고도 못 보았음. 그리고 거의 사과밭이 오른쪽에 길게 있었음.	길이 아스팔트 길로 바뀜. 사과밭은 위쪽 1/3이 약초밭, 중간은 사과밭, 나머지 1/3은 야채밭으로 바뀜. 그리고 두 번째 골목은 거의가 밭이었는데 그 밭이 없어지고 이층집을 비롯해서 여러 집이 더 생김.
옥산동	거의 산이었고 또 밭이 많았다. 그리고 사람도 많이 살지 않았고 길도 좁은 흙길이었음.	산과 밭이 있던 자리를 밀어붙이고 창신, 우방, 청구 아파트 10동이 생기고 또 짓고 있음. 그리고 단독주택지에도 집이 드문드문 서고 있다. 대구와 연결되는 길을 비롯해서 많은 큰길이 생겼고, 여러 상점, 문구점, 학교 등이 생김. 한마디로 180도로 바뀐 곳이다.

(경산 중앙 초등학교 6학년 김정남 1993. 11. 21.)

겨울 빈 밭에는
무엇이 있을까?

빈 밭

강원도 봉정분교 5학년 배연표

빈 밭만 남고 콩줄기만 있다.

밭에는 달롱이 참 많고

꼬들빼기도 참 많다.

곡식을 거두었지만

밭에는 아직도 많다.

달롱과 꼬들빼기가.

달롱과 꼬들빼기를 캐 먹고

또 마늘을 심고

그러면 싹이 트고

아후 빈 밭은 없는가 보다.

이 시를 읽고 아하, 빈 밭에 무엇이 있나 조사하도록 해 봐야겠다 싶었다. 특히 겨울 빈 밭에는 아무것도 없이 아주 메마르기만하다고 생각한다. 가까이 가서 눈으로 살펴보고, 겪어 보지 않으면무슨 일이든지 그렇게만 생각하고 만다. 그래서 그런 생각을 깨뜨리기 위해서도, 실제로 겨울 빈 밭에도 무엇인가 꿈틀대고 있다는자연의 신비함을 깨우쳐 주기 위해서도 재미있는 숙제로 내주는것이 좋다. 나아가 겨울나무는 지금 무얼 하고 있을까, 겨울 마른풀 밑에는 무엇이 있을까, 겨울 들의 양지와 음지 차이는 어떤가?이런 것을 재미있는 숙제로 내주면 좋을 것이다.

우리 반에서는 봄이 오는 3월에 했기 때문에 좀 더 재미있는 것이 못 되었는지도 모르겠다. 그런데 작은 도시 가까이에 있는 논밭이기 때문에 그곳에 버린 휴지나 깡통 같은 쓰레기가 논밭을 뒤덮고 있음을 아이들이 눈으로 보고 남다른 느낌을 가졌을 수도 있다.

와아, 농촌 사람도 문제 있다

오늘 선생님께서 재미있는 숙제를 해 오라고 하셨다.

집에 와서 빈 밭을 찾아보았다. 빈 밭은 별로 없고 봄이 다가와서 그런지 채소의 싹이 트고 있는 밭만 있었다. 난 도저히 빈 밭을 찾을 수 없어 채소 싹 근처에 있는 풀을 찾아보았다. 풀은 잘 없었지만 내가 알 수있는 풀들은 다 있었다. 먼저 냉이가 있었고, 꽃처럼 생긴 풀도 있었다. 이 풀은 옛날에 무쳐서 먹었다고 엄마가 말해 주었던 기억이 난다. 또 푼내기와 냉이와 비슷하긴 한데 줄기가 훤히 다 보이고 잎이 잘 없는 것과 그 반대로 줄기가 없고 잎만 자라고 있는 것도 있었다. 그리고 달래처럼 잎이 길쭉한 것도 있었다.

풀을 한참 찾던 나는 "어머나!" 하고 소리를 질렀다. 세상에 내가 파 싹을 밟고 있었다. 파 싹이 못 자라고 죽을 것 같은 생각이 들어 갑자기 불쌍히 여겨졌다. 다른 날은 그냥 지나갔을 텐데 오늘은 양심의 가책을 느끼는 것 같아 주위에 있는 나뭇가지를 주워다가 양쪽으로 받쳐 가지고 바로 세워 놓았다.

이제는 풀을 다 찾아보았으니 풀의 모양을 살펴보았다. 냉이는 많이 봐서 알겠는데 푼내기라 하는 것은 12년 살아도 처음으로 보았다. 푼내 기는 잎과 잎이 오그라들어 있는 것이며 돌돌 뭉쳐 있는 것이라고 엄마 가 가르쳐 주셨다. 난 한참 찾아 움츠리고 앉아 있어도 더 이상은 다른 풀이 없었다. 할 수 없이 집으로 내려왔다. 내려오다가 아빠를 만났다. 아빠는 머리를 깎고 오시는 길이라고 하셨다. 나는 아빠와 다정하게 집 으로 들어왔다.

집에 오니 무언가 찜찜해서 다시 빈 밭으로 나갔다. 구석구석을 살 펴보았다. 빈 밭에는 예상도 못 할 일이 생겼다. 포기하지 않은 것이 다 행인 것 같았다.

다 알고 있겠지만 빈 밭 가장자리에 땅을 파 보니 농사에 필요한 시 설을 갖추기 위해 비닐을 썼나 보다. 땅을 파니 비닐이 한 번 파는데 50센티미터 정도 나왔다. 또 돌이 있는 곳엔 농약 빈 병과 깨진 유리병 이 많았다. 이런 것들은 누가 이렇게 했을까? 아마 농촌 사람들일 것이 다. 난 농촌 사람들이 깨끗하고 모든 일에 착실하며 절약하는 정신만 있는 것 같았는데 '와아' 농촌 사람들이 이렇다니 나는 실망이 너무나 컸다. 난 잠시 동안 할 말이 나오지 않았다. 도시 사람들만 문제가 있는 것이 아니라 온 사람들이 문제가 있는 것 같았다.

나는 놀라서 돌아오고 말았다. 정말 이제 농촌도 문제다.

(경산 중앙 초등학교 6학년 이정하 1993. 3. 8.)

무엇인가 많이 있다

학원을 두 군데 모두 다 갔다 오니 6시 10분쯤 해가 뉘엿뉘엿 지고
있는 무렵이었다.

"에이씨, 숙제 어떻게 하노 쯧."

어제 갔던 강둑으로 신발을 질질 끌며 투덜투덜대면서 걸어가며 '그
래도 숙제니까 해야지.' 하고 마음속으로 다짐했다.

땅을 보니 아래(그저께) 내린 비 때문에 아직도 흙으로 된 땅은 좀 질
퍽했다. 수첩을 꺼내서 적어 가며 살폈다. 제일 많이 눈에 띄는 것은 쓰
레기였다. 보니 비료 포대기, 과자 봉지, 일회용 컵이랑 음료수 병이었
다. 논이 아주 지저분하게 보였다.

"다음부터는 쓰레기를 아무 곳에나 버리지 말아야지."

하고 혼자말로 몇 번이나 중얼거렸다. 논 저쪽 귀퉁이에 보니 버려진
연모들, 농기구들, 녹슨 호미와 낫, 삽, 괭이 등이 있었다. 만져 보니 나
부로 된 자루는 아직도 축축했다. '학교에서 내가 잃어버리고 찾지 않
은 내 물건들도 이 모습을 하고 있겠지.' 하고 내 자신을 부끄러워했다.
'다음부터는 내 물건은 내가 잘 간수해야지.' 하며 본 것과 느낌을 수첩
에 적었다.

땅을 보니 한 2센티미터쯤 되는 파아란 싹이 서너 개 있었다. 귀여
워서 계속 바라보다가 대견스럽다는 생각을 했다. 이 조그만한 싹이 이

단단한 땅을 뚫고 나오다니 정말 대견스러웠다. 그 주위를 둘러보니 이보다 더 작은 싹이 아주 많았다. 그 귀여운 싹 하나에 물인지 빗방울인지는 몰라도 잎에 물이 고여 있는데 너무나 아름다웠다. 굴속의 진주 같았다.

수첩에 다 적고 오면서 질퍽한 땅을 밟은 덕에 진흙뿐이지만 배운 것이 있다. 내 물건은 내가 꼭 아끼고, 쓰레기를 아무 데나 버리지 않고 꼭 휴지통에 버려야 한다는 것과 자연의 아름다움, 그리고 꼭 해야 할 것은 자세히 관찰하는 습관을 기르는 것이다. 이때까지 밭에는 아무것도 없는 줄 알았는데 자세히 관찰하면 무엇인가 많이 있다는 것을 알았다.

돌아올 때 내 마음은 뿌듯하게 가득 차 있었다.

(경산 중앙 초등학교 6학년 신유리 1993. 3. 8.)

재미있는 숙제에 대한
아이들과 학부모 소리

지금까지 재미있는 숙제 몇 가지를 내보였다. 시답잖게 보일지는 모르겠지만 내 나름대로는 어려움도 있었다. 그동안 이 숙제를 해 온 아이들 소리도 들어 보고, 그걸 지켜본 부모들 소리도 아이들 글을 통해 들어 보자. 앞으로 누구라도 실제로 지도해 보고자 하는 분들에게 도움이 되리라 본다.

먼저 우리 아이들 소리를 들어 보자.

글1-1 마음도 넓어졌다

재미있는 숙제는 나에게 준 이익이 많다. 6학년이 되기 전에는 방 안에서만 하는 숙제인 데다가 나는 밖에 나가서 신나게 노는 성격도 아니라서 친구도 별로 없었다. 그렇지만 이 재미있는 숙제를 시작하자 밖에 여기저기 다니기를 했다. 그 덕택인지 내가 밖에서 노는 날도 많아지고, 두려움이 없어져서인지 웬만한 곳은 다 갈 수 있다. 그전에는 조금만 높은 곳도 벌벌 기었는데 지금은……. 또 이것뿐이 아니고 마음도 넓어졌다. 특히 돌 가져다 놀기에서 남들의 마음도 잘 알고 해야 할 행동도 바르게 알았다. 학과 공부는 이론만으로만 알고 직접 실천은 하지 않아서 내 마음속에 올바르게 박혀 있는지 모르겠다.

이런 재미있는 숙제를 하면 성적이 떨어진다고 할지 모르지만 그 반대이다. 그리고 나는 또 재미있는 숙제에서 배운 것도 성적에 넣었으면 좋겠다. 이걸 하면서 마음에 느낀 것이 많고, 다른 숙제나 공부에 많은 도움이 되었다. 그러니까 한마디로 좋다. 계속 이 재미있는 숙제가 우리나라에 퍼지면 좋겠다.

(6학년 구효준)

글1-2 큰 숙제라고 생각하지 않습니다

6학년 때의 숙제는 다른 학년 때보다 무척 적은 것 같습니다. 가짓수는 무척 많은데 찾아서 하려고 보면 정작 해야 되는 것은 몇 가지 되지 않습니다. 그래서 1년 동안 무척 재미있게 지냈습니다.

숙제라고 봐야 되는 건지 그저 토요일 일요일의 일기 주제라 생각해야 하는 건지 모를 재미있는 숙제가 있습니다. 그런데 저는 이걸 그렇게 큰 숙제라 생각하지는 않습니다. 토요일, 일요일 시간 많을 때 그냥 놀면서 하는 거라 생각합니다. 지금까지 한 것 중 몇 가지 좀 어려운 것이 있긴 했어도 우리는 했고, 그 나머지 대부분이 그냥 보통 놀면서 한 것뿐입니다. 어렵다고 생각한 것도 하고 보면 재미있었던 것 같습니다.

저는 학과 숙제보다 재미있는 숙제가 더 좋습니다. 학과 숙제는 의자에 앉아서 팔이 아프게 써야 되고 문제집……. 윽! 재미있는 숙제는 밖에서 놀면서 친구들과 해도 되고 그래서인지 저는 재미있는 숙제가 훨씬 더 좋습니다. 학과 숙제도 자유 숙제라면 좋지만 진짜 산수 계산이나 하고, 외우고, 베껴 쓰는 숙제라면 죽었다 다시 깨어나도 하기 싫습니다. 그리고 학과 숙제는 선생님이 강제로 시키는 바람에 하기는 했지만 큰 도움이 된 것이 없습니다. 시험 점수가 올라가면 얼마나 올라가겠습니까.

재미있는 숙제는 느낀 것이 많습니다. 예를 들면 '쓰레기 줍기'에서 배운 것인데 과자를 사 먹고 종이를 버릴려다 그 생각이 번쩍 나서 안 버리고 휴지통에 버린 것입니다. 이런 숙제는 내가 죽을 때까지도 가슴에 남아 있을 거라고 봅니다. 그러니 재미있는 숙제가 더 안 좋겠습니까.

(6학년 소미령)

글 1-1, 2에서 보는 바와 같이 어떤 아이들은 재미있는 숙제를 노는 것처럼 하면서도 얻은 것이 많다고 했다. 사실 아이들 모두가 이렇게 되길 바랐다. 하지만 아이들 하나하나 생각이나 가치관이 다르기 때문에 그런 기대를 하는 나 자신부터가 틀린 것이라 본다. 그러나 나 듣기 좋으라고 한 말을 빼고라도 대체로 재미있는 숙제는 베끼고 달달 외우는 학과 숙제보다는 좋고, 얻은 것도 많다고 하는 아이들이 많았다.

다음에 몇 아이들이 쓴 글을 중요한 부분만 추려서 내보인다.

▶ 학과 숙제나 학원 숙제는 아무리 외워도 잊어버리기 일쑨데 재미있는 숙제에서 얻은 것은 언제나 나의 마음 한구석에 남아 있기 때문에 재미있는 숙제가 다른 숙제들과 비교도 안 될 만큼 좋다. (6학년 강동윤)

▶ 재미있는 숙제는 좀 힘들어도 재미있고, 즐겁고, 재미있는 숙제 하는 날이 기다려지지만 학과 공부는 힘도 들고 재미도 없다. (6학년 정광명)

▶ 중학교에 가면 또다시 1학년부터 5학년 때까지 해 오던 것처럼 학과 숙제에만 매달려야 한다고 생각하니 머리에 열이 난다. (6학년 박정미)

▶ 학과 숙제를 하면 보람을 느껴 봤자 내일 학교에 가면 벌서지 않겠지, 요 정도밖에 못 느끼는데, 재미있는 숙제는 보람을 느끼는 것이 비교가 안 될 만큼 크다. 그래서 재미있는 숙제 하나는 열심히 하고 싶다. (6학년 우만영)

▶ 5학년 때 '내가 이호철 선생님의 제자가 되어 재미있는 숙제를 한번 해 보았으면' 하는 생각이 들었다. 생각대로 재미있는 숙제 때문에 한 해를 알차고 보람 있게 보냈다는 생각이 든다. (6학년 은정)

▶ 나는 재미있는 숙제가 좋을 때도 있고 싫을 때도 있다. 좋을 때는 불우 이웃 돕기나 시장 구경, 그 외 친구들과 같이 한 것이다. 또 하고 싶다. 그런데 나 혼자 했던 냉이 뜯기, 빈 밭에 무엇이 있나 등은 재미가 없었다. 그래도 학과 숙제에 비하면 재미있는 숙제는 재미있다. 지금같이 1주에 한 번 하면 만족한다. (6학년 이명훈)

▶ 재미있는 숙제라도 너무 자주 하면 재미없어질 수도 있기 때문에 가끔 우리가 싫증나지 않도록만 해 준다면 잘 해 나가고 재미있게 할 수 있다. 또 강제적으로 시키면 재미가 없을 것 같다. (6학년 권경희)

▶ 재미있는 숙제를 하고 나면 용기가 솟아난다. 하지만 재미있는 숙제도 숙제니까 마음 놓고 놀 시간을 빼앗으면 안 좋다.　　(6학년 남우정)

▶ 남들에게 괜히 부끄럽고, 이상하게 생각할까 봐 짜증이 날 때가 많다. 짜증이 나긴 해도 그것은 나의 문제다. 재미있는 숙제는 좋은 숙제 같다.　　(6학년 안연경)

▶ 재미있는 숙제는 대부분 올 때 갈 때 몇 분만 시간을 내면 할 수 있는 숙제라 좋다. 밖에 나가 행동하는 건 좋은데 나가기가 좀 귀찮다. 이때까지 방에서만 공부하던 습관이 들어서 그럴 거다.　　(6학년 이미례)

▶ 담배꽁초 줍기, 성금 모으기 등 참 어려운 숙제를 할 때는 '어떻게 할꼬' 싶어서 싫기도 했다. 하지만 이젠 이 재미있는 숙제가 좋다. 물론 학과 숙제도 필요하니까 해야겠지만 난 재미있는 숙제가 더 좋다.

(6학년 윤지현)

　아이들 나름대로는 어려움도 있었고, 다른 까닭으로 해서 싫어질 때도 있었겠지. 너무 어려움을 주거나, 너무 싫어지도록 해서는 안 된다. 그렇지만 무조건 즐겁게만 해 주고 알맹이를 빼어 버리면 그 또한 쓸모 없는 숙제가 되니 앞에서도 이야기했듯이 어려움을 주어도 차츰차츰 주어야 한다.
　다음 글은 재미있는 숙제를 아주 싫어하는 아이 글이다.

글2-1 재미있는 숙제는 하기도 매우 어렵다

학과 숙제와 재미있는 숙제를 비교해서 써 보았다. 대체로 학과 숙제가 재미있는 숙제보다 좋다. 왜냐하면 학과 숙제는 하기도 좋고, 재미도 있기 때문이다.

'재미있는 숙제'는 재미있는 숙제인데 저번에 성금 모으기를 하였는데 그때 욕을 많이 얻어먹었다. 욕을 많이 얻어먹고 기분이 좋은 사람은 이 세상에 없을 것이다. 그리고 재미있는 숙제는 하기도 매우 어렵다. 재미있는 숙제는 열심히 했다고 했는데 열심히 하지 못한 것으로 인정을 받기 때문에도 싫다. 재미있는 숙제는 토요일만 내준다. 토요일에는 휴식을 취하고 즐겁게 보내는 날인데 재미있는 숙제로 시달리다 보면 토요일은 즐겁게 보낼 수가 없게 된다. 그래서 재미있는 숙제를 골치 아프게 생각하는 것이다.

학과 숙제는 우리가 잘 아는 것이기 때문에 하기 좋아한다. 하지만 학과 숙제도 하기 싫을 때가 있다. 매일마다 똑같은 것으로 이루어지기 때문이다. 좀 색다른 것으로 내주면 좋을 것이다. 매일마다 지겹지 않은 것으로 내주는 것이다. 하지만 편안한 것만 찾으면 편한 숙제는 없다. 다 한 가지 단점이 있기 마련이다. 학과 숙제는 비교적 편안하고 하기도 좋다.

그래서 마지막 결론은 재미 숙제보다 학과 숙제가 좋다는 것이다. 한 가지 잊은 것이 있다. 나는 돌아다니는 것이 정말 싫다. 재미있는 숙제는 돌아다녀야 하기 때문에 싫다.

보충: 학과 공부는 재미 숙제보다 하기도 좋다. 하지만 학과 공부, 재미 숙제 해서 향상된 것은 하나도 없다. (6학년 여)

글2-2 난 편한 것을 좋아하는 편이라서

선생님께서는 보통 때 학과 숙제와 토요일엔 재미있는 숙제를 내주
셨다. 학과 숙제도 5학년과 다른 숙제였다. 자료까지 붙이며 전과 그런
것은 무조건 베껴선 안 된다. 그래서 학과 숙제하는 데는 한 시간 걸리
고, 토요일에 하는 재미있는 숙제는 하기 싫은 것도 있고 재미있는 것
도 있다. 하지만 싫은 '재미있는 숙제'가 대부분이다.

선생님께서는 노는 시간은 되도록 재미있는 숙제를 내주시는데 그
게 아니다. 박물관 찾아가는 것도 그렇다. 우리에게 도움이 되는 것이
지만 박물관의 유물은 하나하나 관찰하긴 너무나 어려운 문제다.

난 편한 것을 좋아하는 편이라서 그런지 재미있는 숙제는 너무나 숙
제 중 제일 큰 문제다. 6학년 올라와서 신나게 뛰어 놀았다고 할 수 없
다. 그래서 방학 때에는 신나게 놀아 방학 숙제는 못 하는 게 많았다.

학과 숙제보다는 재미있는 숙제가 더 나은 편이지만 그래도 숙제가
어려운 게 많아 재미가 별로 없었고, 이 숙제를 할 때마다 통계표 내는
것 같아서 좀 그랬다. 마지막엔 느낀 점도 많았지만 말이다. 학과 숙제
와 재미있는 숙제를 비교한다면 똑같은 것 같다.   (6학년 여)

우리 반 39명 가운데 이와 같은 반응을 보인 아이는 한 명 더 보
태어 세 명이다.

글 2-1을 쓴 아이는 이웃 돕기 성금 모으기 할 때 욕을 얻어먹
은 것, 어렵다는 것, 열심히 한 대가가 없다는 것, 토요일 일요일
에 놀지 못하게 된다는 것, 돌아다니기를 싫어한다는 것 따위의 까
닭으로 재미있는 숙제가 싫다고 했다. 이 아이는 늦게 전학을 왔

다. 그래서 적응이 잘 안 되어 그럴 것이라 볼 수도 있고, 가치관이 아직 제자리를 잡지 못해서 그렇다고도 볼 수도 있겠다. 하지만 이런 아이들까지도 재미있어 해야 진짜 재미있는 숙제가 안 되겠나 생각한다.

글2-2를 쓴 아이는 신나게 놀 시간을 빼앗는다는 것, 어려운 것이 많다는 것, 숙제했나 안 했나 통계 내는 것 같아서 따위로 재미있는 숙제를 싫어했다. 숙제했나 안 했나 통계 내는 것 같아서 재미없다고 했는데, 그런 생각을 할 만한 까닭이 있다. 어떤 숙제를 몇 명이나 했나 알아보려고 손을 들게 해 확인했기 때문인데, 그렇게 볼 수도 있겠다 싶다.

더러는 베끼고 달달 외우는 숙제를 하는 버릇이 완전히 몸에 푹 배어, 다른 것이 잘 비집고 들어가지 못하게 된 아이도 있는 것 같다. 어떻든 어떤 아이들이나 좋아하는 숙제거리를 찾기도 해야겠지만 잘못된 생각을 바꾸어 주는 일에도 게을리 하지 말아야겠다는 생각이 든다.

다음은 학부모들 소리다. 아이들을 통해서 알아본 것이라 아주 정확하다고는 할 수 없지만 대충은 알아볼 수 있겠다.

글 1-(1)~(3)은 재미있는 숙제의 뜻을 확실히 아는지는 모르지만 처음부터 아주 많이 좋아하는 학부모다.

글 2-(1)~(2)는 대체로 뜻을 알고 아이들이 숙제를 하려고 하면 열심히 하라고 추슬러 주는 학부모라고 볼 수 있다.

글 3은 재미있는 숙제를 웃어넘기는 정도로 생각하거나 숙제니까 그냥 해야 한다는 생각을 하는 학부모로 모두 5명이다.

글 4는 특별한 경우에만 싫어하는 학부모로 대체로 이해하는 쪽으로 봐도 되겠다.

글 5는 재미있는 숙제를 이상한 짓으로 보거나, 싫어하는 쪽 학부모로 제일 많다. 22명이 여기에 들어간다.

글 6은 이해는커녕 욕을 하며 아주 싫어하는 쪽의 학부모로 모두 4명이다.

글1-(1) 적극적으로 좋아하신다

처음 재미있는 숙제를 할 때부터 우리 엄마는 나보다 우리 선생님을 더 존경하신다. 특히 불우 이웃 돕기 할 때 "너희 선생님 교육 방식, 좀 있으면 확산될 거다." 하셨다. 또 텔레비전에서 보고 이제부터 중, 고, 대학교 올라갈 때 우리 선생님처럼 보고서를 쓰게 한다거나 우리 반처럼 한다며 우리 선생님의 교육 방식을 좋아하셨다. 재미있는 숙제에서 어려운 건 많이 도와주셨다. 한마디로 적극적으로 좋아하신다. 옛날에 텔레비전에서 선생님을 봤을 때 "저런 선생님 걸리면 좋겠네." 하시며 끝까지 지켜보셨다.

(6학년 구효준)

글1-(2) 느그 선생님 참 좋으신 분이네

엄마는 재미있는 숙제를 무척 좋아하신다. 처음 재미있는 숙제를 한다고 하니까 "그런 숙제도 다 있나." 하시며 무척 신기해 하셨다. 얼마 전 불우 이웃 돕기를 할 때도 "느그 선생님 참 좋으신 분이네. 느그 선생님 한번 봐야 되겠네." 하며 웃으셨다. 그런 걸로 보면 엄마는 재미있는 숙제를 좋아하시고, 많은 협조도 해 주신다. 나도 엄마가 재미있는

숙제를 많이 도와주시니까 무척 좋다. (6학년 정광명)

글1-(3) 대찬성이다

우리 엄마에게 우리 학급 이야기를 하니 "좋은 선생님 만났네." 하고, 재미있는 숙제 이야기를 하니 "나는 대찬성이다." 하셨다. 나도 선생님이 하시는 수업 운영에 찬성이다. 또 엄마는 "너도 훌륭한 선생님 밑에서 열심히 해라." 하셨다. 사실 우리 엄마 성격으로 볼 때 우리 선생님 하시는 일에 찬성이다. (6학년 김현수)

글2-(1) 좋은 경험 많이 하네, 춤어도 해라이

아버지, 어머니, 동생이 처음 한두 달 정도는 재미있는 숙제가 무엇인지 잘 모르고 계시니까 내가 좀 도와 달라면 그냥 해 주시고 그 이외에는 크게 얼굴을 찡그리신다든지 그런 일은 거의 없었다. 하지만 그 후로 서너 달이 지나고는 "내가 뭐 좀 도와줄 일 없나?" 하시면서 도와주려고 하신다. 얼마 전에 성금 모으기를 할 때 "야아, 너거 선생님은 오만 거 다 시키네. 좋은 경험 많이 하네. 춤어도 해라이." 하시면서 용기를 주셨다.

내 생각에 그것으로 보아 부모님이나 내 주위에 있는 사람들은 6학년에 올라와서 내가 재미있는 숙제 하는 것을 좋은 쪽으로 생각하고 계신 것 같다. (6학년 박정미)

글2-(2) 항상 선생님 편에서 날 꾸중하신다

어머니와 아버지, 언니들은 내가 하는 재미있는 숙제에 별로 관심을 두지 않으신다. 가끔씩 차 조심하라는 말, 아니면 그 재미있는 숙제에 대한 좋은 점, 나쁜 점을 구분하여 말씀하신다. 저번에 한 불우 이웃 돕기 때에는 어머니께서 "너거 좋은 일은 하는데 어떻게 할려구? 그냥 들고 있으면 돈을 주는 것도 아닌데……." 하셨다. 어머니께서는 이래도 언니들은 "뭐 그런 것이 숙젠데?" 하며 자기 혼자 불평한다.

어머니께서는 항상 이 숙제에 대한 걱정을 많이 하신다. 내가 숙제라고 하면 어머니께서는 아주 좋게 찬성하신다. 내가 6학년이라 컸다고 생각하셨는지 내가 한다고 하면 나를 믿고 보내 주신다.

아버지께서는 엄마랑 똑같이 무조건 찬성이시다. 자기 일은 자기 스스로가 해야 한다고 하시고 항상 선생님 편에서 날 꾸중하신다. 언니들만 좀 이상한 숙제라고 하고 이해가 안 된다는 둥 그런 말을 많이 하고, 어머니 아버지께서는 언제나 선생님이 내어 주시면 숙제니까 재미있는 숙제도 꼭 하라고 하신다.

(6학년 김정남)

글3-(1) "갔다 온네이." 그러신다

나는 재미있는 숙제를 할려고 하면 아버지나 어머니께 꼭 말씀드리고 어디 나가고 그런다. 그때마다 아버지께서는 웃으시면서 이렇게 말씀하신다.

"너의 학급 별 이상한 학급이네."

어머니께서는 "뭐 그런 숙제가 다 있노." 그러시며 나무라는 게 아니라 그냥 웃으시면서 넘어가신다. 어머니 아버지께서는 재미있는 숙제를 한다고 말하면 나를 어린아이 취급하시고 장난하는 것같이 말씀하시면서 웃으신다. 보통 때도 다 그러신다.

토요일마다 재미있는 숙제가 있다고 나갈려고 그러면 어머니 아버지께서는 매일 들어서 아시는지 "갔다 온네." 그러신다. 이젠 어린아이 취급도 않으신다.

(6학년 안연경)

글3-(2) 그냥 갔다 오라 하신다

나의 부모님 두 분은 장사를 하시기 때문에 같이 재미있는 숙제를 해야 할 땐 같이 못 가신다. 그때는 동생과 같이 간다. 보통 때 재미있는 숙제 하러 나간다고 인사를 이렇게 드린다.

"내 재미있는 숙제 하러 나가야 되거든. 잠시 나갔다 올께."

"그래라. 오늘은 무슨 숙제인데? 아무튼 일찍 온네이."

이러시며 가게 일을 계속 하신다. 내가 재미있는 숙제 하러 간다고 하면 화내시지 않고 그냥 갔다 오라 하신다.

(6학년 태혜선)

글3-(3) 별난 숙제네

난 거의 재미있는 숙젤 부모님께 말하지 않는 편이다. 어쩌다 말하면 대체로 "니 거짓말 아이가?" "알았다." "별난 숙제네." 이렇게 말씀하신다. 거의 다 웃으시면서 하시는 말씀이다.

(6학년 원수영)

글4-(1) 바쁘거나 피곤할 때 얼굴이 찡그려지신다

우리 부모님은 숙제나 공부에 별로 이야기를 하지 않으신다. 내가 어떤 것을 하든지 상관하지 않으시기 때문에 편하다. 재미있는 숙제를 할 때 보통 부모님께 말씀드리지 않는다. 그러나 부모님의 도움이 필요할 때 이야기를 하면 기분 좋게 "그래." 하며 도와주신다. 항상 고맙게 생각한다. 그러나 아버지가 바쁘거나 피곤하실 때 무엇을 도와 달라고 하면 얼굴이 찡그려지시고 "너거 학급은 뭐 이런 거 해 오라 하는데?" 하면서 해 주신다. 가끔 말이다.

이런 일은 한두 번이 있고, 대부분 좋아하시고 잘 해 주신다. 그래서 내가 하기 싫어하면 어머니 아버지께서는 더 나한테 좋은 것이니 하라고 꾸중을 하신다. 그래서 한번은 "엄마, 내가 이런 것 하는 거 싫지 않으세요?" 하고 물어보았더니 "아니, 엄마는 니가 이렇게 하는 게 더 좋은데." 하셨다. 이런 점이 무척 좋고, 감사를 드린다.

바쁘시고 하니 신경을 안 쓰시기도 하지만 항상 기분 좋고, 인상을 찡그리시는 것은 한두 번뿐이다. 바쁠 때만 이야기를 하면 그런 것 같아서 시간이 있을 때 이야기한다.

(6학년 ○○○)

글4-(2) 지금은 이해를 하신다

내가 제일 처음에 재미있는 숙제를 하려고 엄마에게 말하니 엄마의 이마에 주름살이 하나 두나 생기면서 "정말 이상한 선생님도 다 있네. 참 희한한 선생님이네." 하셨다. 또 욕도 조금 하셨다. 하지만 날이 갈수록 엄마의 행동은 변해 가셨다. 지금은 엄마에게 "엄마, 재미있는 숙제 하고 올게요." 하면 이해를 하셨는지 "그래, 얼른 갔다 온나." 하고 말씀하신다.

처음에는 엄마께서 인상을 쓰시며 화를 내고 선생님 욕을 아주 조금 하셨지만 지금은 다 이해를 해 주신다. 그래서 재미있는 숙제를 엄마께서 도와주시기도 한다. 또 가끔 칭찬도 하시고 열심히 하라고 격려의 말도 해 주셔서 재미있는 숙제를 제대로 하고 있다. 또 더욱 재미있게 느껴진다.

(6학년 ○○○)

글4-(3) 가라고 했는데 갑자기 왜 그러는지 모르겠다

불우 이웃 돕기 성금 모으기를 다 하고 집으로 돌아와 보니 엄마가 화를 내면서 왜 이래 늦게 왔냐고 하시고는 빨리 씻으라고 하셨고, 아버지는 어머니와 달리 재미있었느냐고 물으시는 것이다. 그래서 나는 있었던 일을 다 얘기하니깐 아버지는 막 웃으셨다. 왠지 모르겠다. 엄마는 내한테 가라 카고는 야단치고, 아버지는 가지 말라고 했는데 칭찬해 주시니 진짜 이상했다. 그리고 우리 엄마는 화를 낼 때는 과음(고함)을 지르는데 그때는 많이 지르지 않으셨다.

(6학년 ○○○)

글5-(1) 선생 꼭 문디 같은 거 만나가 마

내가 재미있는 숙제를 하러 간다고 할 때 우리 엄마는 그냥 그저 그렇게 아무 반응도 없었다. 그냥 냉이 캐러 간다고 하니 칼이랑 가지고 가라고 하고, 불우 이웃 돕기 한다니까 그때는 "아이고 너거가 그런 거 하나. 잘 해 봐라." 하고 말씀하셨다. 그리고 공사장에 간다고 했을 때에는 "그래 갈라 카면 안 다치게 멀리서 해라." 하셨다.

우리 엄마는 뭐 재미있는 숙제에 지나치게 신경을 안 쓰신다. 그렇게 꾸중도 안 하시고 선생님 욕도 잘 안 하신다. 그런데 재미있는 숙제 한다고 집에 친구를 데리고 오면 엄마는 좀 꾸중하신다. 그리고 좀 오래 돌아다니고 하면 꾸중을 많이 하신다. 그리고 엄마가 싫어하는 것을 하면 "선생 꼭 문디 같은 거 만나가 마." 하며 욕을 하신다.

(6학년 여)

글5-(2) 맨날 얼굴을 찌푸리신다

우리 엄마는 내가 재미있는 숙제를 한다면 맨날 얼굴을 찌푸리신다. 그렇지만 그 속마음은 나도 잘 모른다. 저번에 눈 감고 지내보기를 할 때는 "느그 선생님 참, 나 아 장님 만들려고 하나 보다." 하고 핀잔을 주셨고, 또 성금 모으기 할 때는 "참 좋은 일 하네." 하고 웃으셨다. 그러니 내가 마음을 알 수가 있나.

대체로 얼굴을 찌푸리시며 거짓 일기를 쓰라고까지 하실 때도 있었다. 하지만 딱 한 가지 엄마 아빠 어깨 주물러 드리기를 할 때만은 활짝 웃으셨다. 이렇게 잘 찌푸리시고 하시지만 아마 속마음은 그렇지 않으시리라고 나는 생각한다.

(6학년 여)

글5-(3) 너거 선생님 공부는 제대로 안 가르치고

1학기 때 처음 재미있는 숙제를 할 때 엄마께 재미있는 숙제를 하러 나간다고 하니 "그게 뭐길래 밖에 나갈려고 하는데? 집에서 공부나 하지, 쓸데없는 짓 말라고 하는데 응." 하셨다. 나는 엄마 말에 대답을 하지 않고 밖을 나섰다. 늦게 들어오니 아빠도 그 사실을 아셨는지 "말라고 그런 짓 하니. 너거 선생님 공부는 제대로 안 가르치고 뭐 다른 짓만 하니." 하셨다. 그래서 나는 "공부도 잘 가르친다. 그냥 남는 시간은 이런 것 좀 하면 어떤데." 하며 아빠께 달려들었다.

이런 일이 있으니 부모님은 아무 말 하시지 않아 정말 편했다. 그때 그런 말 했을 때 얼마나 기분이 나빴는지 모른다. 이제는 잘 갔다 오라고만 하신다. 부모님도 나에게 두 손 두 발 다 들으셨는가 보다.

(6학년 여)

글5-(4) 너거 선생님 애 죽일라 카나

엄마는 내가 재미있는 숙제를 할 때마다 행동이 바뀐다. 집에 무언가가 보탬이 된다고 생각할 때는 그 숙제 참 좋다고 하신다. 시장 구경에 대한 숙제를 하는 날이었다. 그날은 몹시 바람이 불고 추웠다.

"너거 선생님 애 죽일라 카나. 게다가 감기 걸렸는데 무슨 시장 구경하는 것을 해 오라 카노!"

냉정하게 말씀하셨다. 그때 엄마가 그렇게 밉게 보일 수가 없었다. 자식이 숙제를 하는데 도와주지는 못하면서 도로 화를 내시다니. 난 어른이 되면 자식이 하는 숙제에 협조해 주고 적극적으로 도와줄 것이다. 동생이 덩달아 욕을 하는 것은 절대 용서해 주지 못할 것이다. 쉽고 편안한 일만 찾으려는 엄마는 싫다.

(6학년 여)

글6-(1) 별 미친 선생 다 봤네

재미있는 숙제를 할 때면 아버지는 "또 그 숙제 하나. 참 별난 숙제다 낸다. 공부만 열심히 하면 되는 거지 귀찮게 그런 숙제는 뭐 하러 내노." 이렇게 말씀하시곤 한다. 난 그럴 땐 우리 선생님 편을 들어야 한다. 우리 선생님에 대한 칭찬도 가끔씩 하시지만 바쁜 날에 재미있는 숙제를 하면 아버지께서 짜증을 내신다. 어떨 때는 "별 미친 선생 다 봤네. 아들한테 별거 다 시킨다." 이런 말을 하신다.

그래서 난 아버지가 계실 때 마음 놓고 재미있는 숙제를 못 하게 된다. '불우 이웃 돕기' 재미있는 숙제를 할 때 제일 심한 말을 하셨다.

"지가 지 돈 모아서 내면 될 것 가지고 왜 아이들한테 시키노. 그놈의 선생……"

그날은 내가 제일 많이 돈을 모았다고 거짓말을 했다. 그러지 않으면 아빠가 또 선생님을 뭐라 할 것 같아서이다.

글6-(2) 이놈으 가시나야 무슨 저지르 하노

내가 저번에 눈 감고 지내기를 할 때는 어머니께서 시장에 가셨다. 그래서 한참 하다가 내가 모르고 꽃병을 깨어 버렸다. 난 그때 가슴이 두근두근거렸다. 꽃병을 치우고 있을 때 벨이 울렸다. "누구세요?" 하고 말을 하니 어머니셨다. 어머니께서 화를 내는 모습이 내 눈에서 아른아른거렸다. 난 문을 열어 드리고는 계속 치웠다.

"이놈으 까시나야 무슨 저지르 하노. 뭐꼬?"

"재미 숙제 하다가 그랬다."

어머니께서는 내가 재미있는 숙제를 할 때마다 화를 내신다. 난 이유를 모르겠다. 내가 말썽을 부리지 말아야지 어머니께서 화를 내시지 않으실 것 같다.

글 6-(3) 그동안 가마 놔두니까 엄청나네, 진짜

재미있는 숙제를 하면서 아이들은 부모님께 야단을 맞았다고 한다. 나는 처음에 야단은커녕 아예 아무 말도 하지 않으신다. 엄마께 "엄마, 나 재미 숙제 하러 나간다." 해도 그냥 아무렇지도 않게 "그래, 갔다 온나."라는 말뿐이다. 그런데 하루는 이런 일이 있었다.

"엄마, 오늘 재미 숙제 하러 나간데이."

"오늘은 무슨 숙젠데?"

"불우 이웃 돕기 성금 모으기."

"별거 다 있네, 참. 우리나 도와 달라고 해라."

우리 엄마는 다른 숙제는 아무 말도 하지 않는데 재미있는 숙제는 화를 내시면서 "그 참 별난 선생님 다 있네. 생일 음식도 가지고 오라고 하질 않나, 또 특별 음식은 어떻고……" 하시며 한꺼번에 터뜨리신다.

재미있는 숙제로 선생님께서 하시는 모든 일에 심술이 나셨나 보다. 왜 그러시는지 보니 가계부를 쓰고 계시는 것이다. 이번 달에 든 돈이 많다고 하시면서 하는 말이셨다. 엉뚱한 것 때문에 불이 나서는 재미있는 숙제로 불이 붙었다. 재미있는 숙제 하나 때문에 선생님께 욕을 먹이다니…….

"엄마, 왜 그러는데?"

"그동안 가마 놔두니까 엄청나네, 진짜."

재미있는 숙제 하러 억지로 나가긴 했지만 그래도 엄마가 마음에 걸렸다. 엄마가 우리 반 하는 일에 적극 찬성을 하셨으면 좋겠다.

(6학년 여)

앞에서 보았듯이 상당수 학부모가 재미있는 숙제의 뜻을 이해 못 하고 싫어한다. 도와주지 않는 것은 제쳐두고라도 별 이상한 짓이나 한다고 오히려 화를 내고, 때로는 욕을 하기도 한다. 그 가운데서 아이들이 더러 어려움도 겪었던가 보다.

어떤 제도의 틀이나 예전부터 해 오던 어떤 생각의 틀에 매이면 그것 말고는 아예 믿지도 않고, 옳다 싶은 것도 오히려 그릇되었다고 할 정도로 닫힌 사람들 마음, 더욱이 어른들 마음을 열지 않고서는 아무리 조그만 일이라도 해 나가기가 쉽지 않다는 것을 한번

·더 확인할 수 있었다. 하기야 살기에 바쁜 학부모들이 아이들과 함께 하기는 어렵다. 그렇더라도 추슬러 줄 수는 있어야 하는데 하는 아쉬움이 생긴다.

어떻든 예나 지금이나 한결같이 베껴 쓰고 외우는 숙제로만 밀어붙이는 것에서 삶터에서, 자연에서 스스로 부딪히면서 온몸으로 느끼고 배울 수 있는 숙제로 바꿔야 할 것이다. 여러 번 이야기했지만 초등학교 어린이들에게 그 많고 많은 단편 지식들을 다 집어넣었다 한들 무얼 하겠나. 남보다 더 많이 머릿속에 집어넣어 시험 점수를 잘 받았더라도 그런 단편 지식들은 얼마 가지 않아서 쓸모없게 되기도 하고, 자라면서 저절로 알게 되는 것도 많다. 그러니 그렇게 강요하듯 집어넣지 않아도 된다.

어릴 때부터 깨우쳐 주지 않으면 영원히 못 깨우치거나 비뚤어진 방향으로 나갈 수 있는 것들, 하나의 앎이나 깨우침으로 해서 많은 것을 창조해 나갈 수 있는 것들이 참 많다. 그런 것을 지금부터 아이들 밑바닥에 깔아 제대로 자리잡게 만들어 주어야 한다. 재미있는 숙제는 그런 뜻에서도 매우 중요하다고 생각한다.

내가 보기에는 학부모들도 깨어 있어야 하지만 그에 앞서 교사들부터 깨어 있어야 한다. 깨어 있다 해도 편안함을 찾고, 즐기는 데만 매달리면서 스스로 노력하지 않고 고민하지 않는다면 어렵다.

이제 한 주에 한 번, 그것이 정 어렵다면 한 달에 한 번이라도 이런 숙제를 내주는 교사가 되었으면 좋겠고, 학부모들도 그런 뜻을 바로 받아들여 우리 아이들의 진정한 삶을 가꾸는 일에 함께 나서 주면 좋겠다.

추천하는 글

'재미있는 숙제'는 교사가 배움의 알맹이를 잘 풀어낸 본보기다. 학생은 '재미있는 숙제'를 실천한 뒤 글쓰기로 정리하면서 자기만의 뜻을 펼친다. 글쓰기에는 두려움, 기쁨, 뿌듯함, 부끄러움 같은 느낌뿐 아니라 조사, 관찰, 실험, 기록 같은 탐구 방법과 비교, 예측, 성찰, 다짐 같은 생각이 들어 있다. 협력, 의사소통, 문제 해결, 창의 같은 미래 역량이 살아 있다. 교실을 넘어 학년, 학교, 동아리 같은 배움터에서 살려 쓸 수 있다. AI를 비롯해 디지털 교육도 학생이 겪어 내는 배움 과정에 녹아들 때 그 뜻이 살아날 수 있다. '재미있는 숙제'는 다시 발견한 교육 과정의 오래된 미래다.

김영주(경기도 양평군 서종 초등학교 교장)

30년 전 어린 교사였던 나는 이호철 선생의 《재미있는 숙제, 신나는 아이들》을 보며, 교재 연구와 지식 속에 갇힌 나 자신을 발견했다. 선생의 숙제를 흉내 내며 지식의 습득이 아니라 사랑하는 삶을 살아가는 것이 가르침이며 배움이라는 것을 알았다. 그리고 선생의 마음을 따라 30년이 넘게 교사의 삶을 살아왔다. 머리카락이 희어지는 나이에도 그의 숙제는 내 삶의 숙제이다.

양재욱(경남 양산시 동면 초등학교 교장)

요즘 아이들 삶을 보면 참 안타깝다. 공부와 학원에 지친 아이들, 30년 전과 견주어 더하면 더했지 결코 덜하지 않다. 이 아이들에게 '재미있는 숙제'가 가능할까? 그런데 '재미있는 숙제'를 내면 숙제도 재미있음을 알게 된다. 토론도 하고, 땀 흘려 일하기도 하고, 온몸으로 겪으며 살아 있는 공부를 할 수 있다.

30년 동안 이 책은 많은 교사들에게 길잡이였다. 교사도, 아이들도 함께 즐거운 숙제! 지금도 아주 유효하다.

윤일호(전북 진안군 장승 초등학교 교사)

이 책이 나온 지 벌써 30년이 흘렀다. 한 세대가 흘렀어도 지금 교실에서 살아가는 우리 선생님들이 다시금 읽어 봤으면 하는 책이다. 숙제들 하나하나도 재미있지만, 이호철 선생님이 아이들을 바라보는 따뜻한 눈길과 마음길을 읽어 주었으면 좋겠다. 점점 메말라 가는 교실살이에 새로운 눈과 따뜻한 마음을 불러일으킬 것이다.

이선구(경기도 양평군 양동 초등학교 고송분교 교사)

선생을 하면 할수록, '시간이 흘러도 교육하는 가치, 참되게 살고 둘레를 사랑하며 땀 흘려 놀고 일하는 가치는 바뀌지 않는다'는 생각이 들어요. 《재미있는 숙제, 신나는 아이들》에 나오는 숙제에는 하나같이 교육하는 가치가 잘 담겼어요. 앞선 경험을 오늘에 맞게 다듬는다면 내 것으로 삼을 수 있겠다는 생각이에요.

이영근(경기 안산시 석호 초등학교 교사)

30년 전 이 책이 세상에 처음 나왔을 때 내겐 샘물이었다. 교사라면 누구나 잘해 보고 싶은 학급 운영. 나도 여기저기서 쏟아지는 여러 학급 운영 자료와 기법들을 적용해 보았지만 마뜩찮았다. 《재미있는 숙제, 신나는 아이들》은 달랐다. 효과 만점이었다. 쉽게 적용할 수 있으면서도 아이들도 교사도 행복한, 해 보고 싶은 것들투성이었으니까. '식구들 발 본뜨기', '발 씻어 드리기'는 아이들이 숙제라 당당하게 말하면서 식구들을 끌어들여 같이하는 공동 작업이었다.

접촉 결핍으로 사람과 자연에서 점점 멀어져 가는 이 시대에 《재미있는 숙제, 신나는 아이들》은 교사가 교실에서 쓸 수 있는 가장 강력한 무기가 될 수 있을 거라 확신한다.

주순영(강원도 원주시 태봉 초등학교 교감)

"뭐 할라고? 또 조사하나? 조사할 것도 많다." '재미있는 숙제'에는 '조사하기'가 참 많습니다. 재미있는 숙제가 재미있기만 한 건 아닙니다. 그래도 아이들은 부모님 잔소리 다 이겨내고 재미있는 숙제를 열심히 합니다.

"재미있는 숙제'는 어린이의 삶과 어린이가 살아가는 세상을 이어 줍니다. 힘껏 살아갈 힘을 길러 주는 공부, 사람답게 살아가도록 돕는 공부들이 차곡차곡 모여 있습니다. 참된 삶을 가꾸는 공부는 30년 세월이 지나도 여전히 소중한 공부거리입니다.

최연진(경기도 광주시 남한산 초등학교 교사)

아이들을 자연 속으로, 세상 한복판으로 끌어들이는 숙제가 있다. 이호철 선생님이 내주는 '재미있는 숙제'다. 겪어보기, 들어보기, 관찰하기, 살피기 …….

숙제를 하는 아이도, 숙제를 보아주는 교사도 행복하다. 아이의 눈길 손길 발길이 닿은 나무도, 공사장에서 시멘트 뒤적이는 아저씨도 행복하다.

온몸으로 삶과 자연을 만나고 싶은 이들, 이호철 선생님이 내주는 재미있는 숙제 한 가지씩 받아 가시길.

탁동철(강원도 속초시 대포 초등학교 교사)

살아 있는 교육 47

재미있는 숙제 신나는 아이들

1994년 6월 15일 1판 1쇄 펴냄
2024년 6월 21일 고침판 1쇄 펴냄

글쓴이 이호철
편집 김누리, 김성재, 이경희, 임헌 | **디자인** 이종희
제작 심준엽 | **영업마케팅** 김현정, 심규완, 양병희 | **영업관리** 안명선
새사업부 조서연 | **경영지원실** 노명아, 신종호, 차수민
인쇄와 제본 (주)상지사P&B

펴낸이 유문숙 | **펴낸 곳** (주)도서출판 보리 | **출판등록** 1991년 8월 6일 제9-279호
주소 (10881)경기도 파주시 직지길 492
전화 031-955-3535 | **전송** 031-950-9501
누리집 www.boribook.com | **전자우편** bori@boribook.com

값 16,000원

보리는 나무 한 그루를 베어 낼 가치가 있는지 생각하며 책을 만듭니다.

ISBN 979-11-6314-356-7 03370